JN262145

世界の戦術・理論がわかる！
最新サッカー用語大辞典

大塚一樹 著

マイナビ

Prologue
プロローグ

オフサイドはそもそもどんな反則なのか、それとも役割なのか？ ボランチはポジションを表す言葉なのか、それとも役割なのか？ ポリバレントとはどんな意味で、ユーティリティーはどう違うのか？ 香川真司の強みと言われるアジリティーって？ 長友佑都が取り組む体幹トレーニングとは何なのか？ テレビ中継でよく耳にするあの言葉はどんな意味なのか？

世界で一番シンプルなスポーツと言われるサッカーですが、気にし始めると、「？」がいっぱいです。シンプルなはず…ではなく、シンプルだからこそ、すべてにおいて奥深いのがサッカーの魅力なのです。

この本では、知っている言葉だけれどもよく説明できる自信が持てない定番用語から、聞いたことはあるけれどよく知らないサッカー用語、初めて耳にするという現代用語まで、サッカーにまつわる幅広い「言葉」について、できるだけわかりやすく解説します。

外来語の場合はその言葉の本来の意味や外国での使われ方、日本で広まった経緯や日本独自のニュアンスなども紹介しながら、その言葉の表す現象をなるべく深く表現できるようにしました。

ルールについては歴史や背景を取り上げることで、サッカーの理念

世界の戦術・理論がわかる！
最新サッカー用語大辞典

を知ってもらう努力もしています。複数の意味や受け取り方がある場合は、解説文中でできるだけ説明をし、誤解されやすい言葉、間違って定着してしまった言葉を優先して選出しました。

一番気をつけたのはプレーやサッカーの現場から離れないことです。サッカーを観る、プレーする上で「こんな言葉を知っていたらもっと良くなる、もっと楽しくなる」。そんな視点で読めるように、できるだけ実例や図、イラストを入れました。

耳馴染みの度合い、定着具合によって初級から上級編に分かれていますが、気になった言葉にパッと目を通す辞書的な使い方にもマッチします。まずは自分の知りたい言葉、確認したいサッカー用語のページを気軽に開いてみてください。

この本がこれからサッカーを学ぼうという人、育成年代の選手にサッカーを伝える指導者、サッカーの上達を願うプレーヤーたちに読まれ、サッカーへの理解の一助になることを願っています。

「サッカーを知るにはまず言葉から」

それでは、サッカーをもっと面白くするために、言葉の秘密を探っていきましょう。

プロローグ ……… 2

初級編 Begenner

- 01 オフサイド ……… 10
- 02 シュートレンジ ……… 12
- 03 アディショナルタイム ……… 14
- 04 ゴールデンゴール ……… 16
- 05 マンツーマン ……… 18
- 06 プレッシャー ……… 20
- 07 アーリークロス ……… 22
- 08 オーバーラップ ……… 24
- 09 フェイク＆フェイント ……… 26
  シザース／エラシコ／クライフターン／マルセイユルーレット
- 10 オフザピッチ ……… 31

一緒に覚えたい関連用語

- DFの関与 ……… 11
- シュートチャンス ……… 13
- ロスタイム ……… 15
- シュートアウト ……… 17
- ゾーン ……… 19
- プレス ……… 21
- クロス（センタリング） ……… 23
- インナーラップ ……… 25

項目	ページ	サブ項目	ページ
11 Jリーグ	32	監督ライセンス	33
12 レフェリー	34	七つ道具	35
13 キック ラボーナ／バナナシュート／無回転シュート／チップキック／オーバーヘッド	36		
14 ファーサイド	42	ニアサイド	43
15 ショートコーナー	44	サインプレー	45
16 壁パス	46	パス＆ゴー	47
17 くさび	48	ポストプレー	49
18 イエローカード、レッドカード、グリーンカード	50	パニシングスプレー	51
19 コーディネーション	52	調整力	53
20 メンタル	54	スポーツ心理学	55
21 コーチング	56	キャプテンシー	57
22 タックル（スライディングタックル）	58	チャージ	59
23 擦らす・擦らせる	60		
24 セレソン	61	アズーリ	61

知って得するサッカーコラム　選手編　62

中級編 Advanced

25 ギャップ …… 72
26 ラインコントロール …… 74
27 シミュレーション …… 76
28 ボランチ …… 78
29 トップ下 …… 80
30 ショートカウンター …… 82
31 ポゼッション …… 84
32 アタッキングサード …… 86
33 ビルドアップ …… 88
34 プルアウェイ …… 90
35 リトリート …… 92
36 ボディーシェイプ …… 94
37 ディレイ …… 96
38 トライアングル …… 98

一緒に覚えたい関連用語

門 …… 73
フラット3 …… 75
ダイブ …… 77
フィルター …… 79
ファンタジスタ、クラッキ …… 81
トランジション …… 83
ボール支配率 …… 85
バイタルエリア …… 87
オーガナイズ …… 89
プッシュアウェイ …… 91
フォアチェック …… 93
アングル …… 95
守備ブロック …… 97
12トライアングル …… 99

上級編 Expert

- 42 ボトムアップ ... 116
- 43 アドバンテージ ... 118
- 44 ゼロトップ ... 120
- 45 ラテラル ... 122
- 46 ダイレクトプレー ... 124
- 47 コントロールオリエンタード ... 126
- 48 ダイアゴナルラン ... 128
- 49 ティキタカ ... 130

一緒に覚えたい関連用語

- トップダウン ... 117
- プレーオン/流す ... 119
- 偽の9番 ... 121
- サイドバック ... 123
- ワンタッチプレー ... 125
- ボールコントロール ... 127
- 消える動き ... 129
- ロンド ... 131

知って得するサッカーコラム

- 39 オープンスペース ... 100
- 40 アジリティー ... 102
- 41 体幹トレーニング ... 104

- コア ... 101
- スピード・アジリティー・クイックネス ... 103
- ブラインドサイド ... 105

監督編 106

知って得するサッカーコラム 組織編		
50 マノン …… 132		認知的トレーニング …… 133
51 ライフキネティック …… 134		ターン …… 135
52 インテンシティー …… 136		プレー強度 …… 137
53 ピリオダイゼーション …… 138		リカバリー（クールダウン） …… 139
54 ポリバレント …… 140		ユーティリティー …… 141
55 コレクティブ …… 142		ディシプリン …… 143
56 カテナチオ …… 144		トータルフットボール …… 145

知って得するサッカーコラム **組織編** …… 146

エピローグ …… 156

著者紹介 …… 157

世界の戦術・理論がわかる！
最新サッカー用語大辞典

初級編
Beginner

CONTENTS

- **01** オフサイド
  関連用語 DFの関与
- **02** シュートレンジ
  関連用語 シュートチャンス
- **03** アディショナルタイム
  関連用語 ロスタイム
- **04** ゴールデンゴール
  関連用語 シュートアウト
- **05** マンツーマン
  関連用語 ゾーン
- **06** プレッシャー
  関連用語 プレス
- **07** アーリークロス
  関連用語 クロス（センタリング）
- **08** オーバーラップ
  関連用語 インナーラップ
- **09** フェイク＆フェイント
- **10** オフザピッチ
- **11** リーグ
  関連用語 監督ライセンス
- **12** レフェリー
  関連用語 七つ道具
- **13** キック
- **14** ファーサイド
  関連用語 ニアサイド
- **15** ショートコーナー
  関連用語 サインプレー
- **16** 壁パス
  関連用語 パス＆ゴー
- **17** くさび
  関連用語 ポストプレー
- **18** イエローカード、レッドカード、グリーンカード
  関連用語 バニシングスプレー
- **19** コーディネーション
  関連用語 調整力
- **20** メンタル
  関連用語 スポーツ心理学
- **21** コーチング
  関連用語 キャプテンシー
- **22** タックル（スライディングタックル）
  関連用語 チャージ
- **23** 擦らす・擦らせる
- **24** セレソン
  関連用語 アズーリ

初級編 01 Beginner

オフサイド

紳士のスポーツと呼ばれるサッカーの「待ち伏せ」禁止ルール

サッカーは最もルールが簡単なスポーツと言われています。そんなシンプルなルールの中で、唯一とも言えるほどつまずく人が多いのがこのオフサイドの反則ではないでしょうか。

まず理解しなければいけないのはオフサイドポジションです。競技規則には「競技者がボールおよび後方から2人目の相手競技者のゴールラインに近い」状態がオフサイドポジションであると書かれています。少し混乱しそうですが、通常の場合を想定すれば、相手チームの最後方にはGK（ゴールキーパー）が位置しているのでGKの直前にいるDF（ディフェンダー）の位置を基準（オフサイドラインといいます）に考えるとわかりやすいでしょう。このDFより攻撃側の選手が相手ゴールに近づけばオフサイドポジションにいることになります。

オフサイドポジションにいること自体は反則ではありません。オフサイドは、オフサイドポジションにいる選手がパスを受けるなど、プレーにかかわることを禁止するものです。

もしサッカーにオフサイドがなかったら、ゴール前での「待ち伏せ」が横行し、メッシやC・ロナウド（クリスチアーノ）の頭上をロングパスが行き交うだけの退屈なゲームになるかもしれません。サッカーは英国パブリックスクールで生まれた紳士のスポーツ。待ち伏せは非紳士的というわけです。

ポイント！ DFの位置を見てオフサイドを見極めよう

010

判定のポイントはパスを出す瞬間

オフサイドの判定は攻撃側にボールを持つ選手がプレーした瞬間の判断が重要です。味方選手にパスを出したときにパスを受ける選手がどの位置にいるのかが問題となるため、副審はタッチラインに沿って上下に移動しながら、オフサイドライン（後方から2人目の相手選手の位置）とボール保持者に注意を払います。

一見してわかりにくいのが「戻りオフサイド」のケース。パスが出た瞬間にはオフサイドポジションいた攻撃側の選手が、パスを受けるためにオフサイドラインの手前に戻ってきてボールを受けるプレー。この場合、ボールだけを目で追っている観戦者にはオフサイドではないように見えてしまうのです。

オフサイドの判定は非常に厳しく見られます。例えばオフサイドライン、つまりGKから2人目のDFと味方の位置が同列である場合、副審から見て味方の手以外の部分が少しでも出ていればオフサイドと判定されます

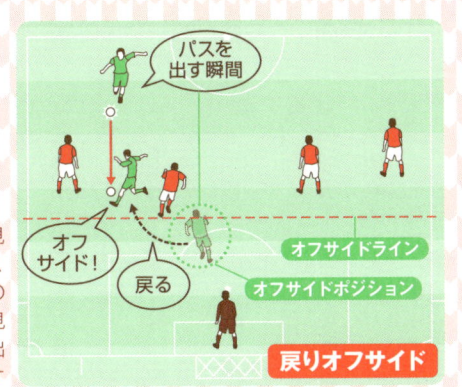

CHECK! 一緒に覚えたい関連用語

DFの関与
意図的にプレーした場合

オフサイドポジションにいる選手がプレーに干渉していないと判断されれば反則にはなりません。また、現行ルールでは、DFが意図的に触ったボールがオフサイドポジションにいる攻撃側の選手に渡った場合（右図）はオフサイドではないと判定します。

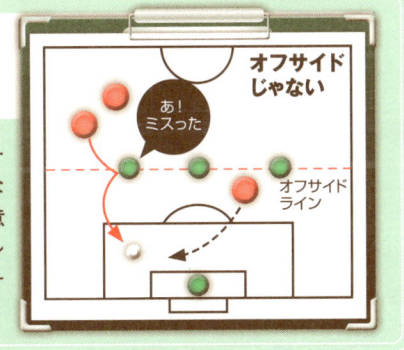

初級編 02 Beginner

シュートレンジ

**最優先すべきプレーはシュート！
シュートを打てる範囲が広い方が有利**

サッカーの目的は相手よりも多く得点することです。この原則に基づけば、ボールを受けた選手がまず目指さなければいけないのは相手ゴール。「シュートを打たなければゴールは奪えない」昔からよく言われていることですが、特に相手陣内、ペナルティーエリア付近では、選手たちが第一に選択すべきプレーはシュートです。

シュートレンジの「レンジ」は英語で距離、範囲、幅を表す言葉ですから、シュートレンジは、シュートのできる距離、範囲という意味になります。「シュートレンジが広い選手」といえばミドルレンジ(中距離)からでもロングレンジ(長距離)からでもシュートを狙える選手を指します。ミドルシュートとロングシュートの境界には明確な定義があるわけではなく、ペナルティーエリアの外周付近から放たれるのがミドルシュート、それよりもさらにゴールから離れている場合はロングシュートと表現することが多くなります。

サッカー用語としてのシュートレンジは「高確率で決まるシュートの距離」という意味も持っています。「シュートレンジに入ったら打て」とか「相手のシュートレンジを考えて守れ」など、ゲームでの実戦的な指示として使われる場合は、ゴールを決められてしまう確率的な意味も含まれていると考えていいでしょう。

ポイント！ 単にシュートが打てる範囲でなく
高確率で決まるエリアを指す

シュートレンジは選手によって違う

　スティーブン・ジェラードの豪快なミドルシュートや、本田圭佑がロングレンジから狙う無回転ＦＫ。各選手のシュートレンジは、どの位置から決定力の高いシュートが打てるかというのと同義です。ジェラードのような選手が中盤にいれば、DFはミドルシュートにも気をつけなければいけません。ＦＫで本田がボールをセットすれば、ゴールまでの距離がかなり離れていたとしても、ＧＫには緊張が走るはずです。
　シュートレンジを広げ、どこからでも得点の可能性があるシュートを打てる選手は、それだけで相手に脅威を与えるのです。

それぞれ得意なシュートポジション

「日本の選手はミドルシュートを打たない」と言われますが、遠くからでも自信を持ってシュートを打つには普段の練習からシュートレンジを広げる意識を持つことが大切です

CHECK! 一緒に覚えたい関連用語

シュートチャンス　好機をつかむ嗅覚

　たくさんのゴールを挙げるためには、当然ながら得点を上回る数のチャンスを作り出さなければいけません。打ったシュートが100％決まることは少ないですし、ましてや中盤でいくら良いボール回しができても、シュートにつながらなければ得点は奪えないからです。
　ゴールの匂いがするチャンスを多く作るためには、各プレーヤーが「自分のシュートレンジ」をしっかり確立しておく必要があります。
　ＤＦをブラインド(GKの視野を遮る壁)に使って、かわしきる前に打つミドルシュート、斜め45度からのカーブシュート、ゴール前に飛び込んで合わせるダイビングヘッドなど…。優れたゴールゲッターはゴールを奪うための「自分の形」を持っています。彼らは、偶然やってくるチャンスをただじっと待っているのではなく、事前にシュートにつながる動きをして、高確率でゴールを奪える機会を自ら呼び込んでいるのです。
　決定力というと、少ないチャンスをモノにするイメージがありますが、決定力のある選手たちに共通するのは、ゴールの可能性が高いシュートチャンスを人より多く生み出していることともいえます。シュートレンジが広ければ、他の選手ならパスするタイミングでもシュートの選択肢を選ぶことができます。シュートのバリエーションが増えれば、それだけゴールの可能性も高まるというわけです。

初級編 03 Beginner

アディショナルタイム

実時間の中でプレー以外に使われたと認められた分が加算される時間

「アディショナルタイムは2分です」

試合中継で、実況アナウンサーがこんなことを言っているのを聞いたことがあるでしょう。また、前後半の終了間際になると「第4の審判」と呼ばれる審判員が数字の書かれたボードを掲げているのを目にすることもあるはずです。それは、試合の残り時間を示す掲示。以前はロスタイムと呼ばれていたアディショナルタイムです。

サッカーの試合時間は主審によって管理されています。「競技者の交代」「競技者の負傷の程度の判断」「負傷した競技者の治療のためのフィールドからの退出」「時間の浪費」など主審がプレー以外に使用されたと認めた時間は実試合時間から除外されます。実際に流れている時間は主審が試合開始の笛を吹いてから一度も止まることなく流れていますから、前後半終了時にそれぞれの理由で「空費された時間」がアディショナルタイムとして加算されるのです。「アディション」は加えるという意味の英語ですから、加えられた時間＝アディショナルタイムというわけです。

サッカーの時間管理方法はタイマーを止めながら試合の残り時間を掲示するカウントダウン方式のスポーツに比べて曖昧だといわれます。それはサッカーが空費された時間をどれだけ追加するのかを主審の裁量に全任している点にもよるでしょう。

ポイント！ 残り時間は「加えられた時間」。実試合時間を意識してプレーしよう！

どんなときに時計が止まる?

「空費された時間をどれだけ追加するかは主審の裁量である」

サッカーの競技規則にはこんな条文があります。残り時間は主審のみぞ知る？　負傷交代があったのに、規定時間ぴったりで笛が吹かれる。スムーズに運んだはずなのになかなか試合が終わらない。

以前はかなりアバウトに考えられていた感がありますが、1994年に行われたFIFAワールドカップのアメリカ大会でこの時間管理法が不評を買います。サッカーに不慣れなアメリカ人の声を受けて、98年のフランス大会から導入されたのが、第4の審判がその時点までのアディショナルタイムを場内にわかりやすく掲げるシステムです。

「競技者の交代」「競技者の負傷の程度の判断」「負傷した競技者の治療のためのフィールドからの退出」「時間の浪費」「その他の理由」これらの合計を主審が判断して伝え、前、後半終了時にそれぞれ掲示されます

アディショナルタイム「5分」の場合のおおよその内訳

倒れた選手の退出	3:00
選手交代	0:30
その他・時間の浪費	1:00
合計 (30秒は切上げる)	4:30

第4の審判

CHECK! 一緒に覚えたい関連用語

ロスタイム　和製英語のため使用禁止!?

アディショナルタイムという言葉が浸透してきましたが、ごく最近まではロスタイムと呼ばれたため、そう記憶している人の方が多いでしょう。このロスタイムはロス・オブ・タイムから作られた和製英語。つまり日本でしか通用しない言葉だったのです。過去にはインジュリータイムという言葉も使われていましたが、2010年、ＪＦＡ審判委員会が、国際的な呼称であるアディショナルタイムに統一することを発表しました。テレビ中継などでも徐々に切り替わり、いまではロスタイムという言葉を使うことはなくなりました。

初級編 04 Beginner

ゴールデンゴール

**再採用もあり得る？
エキサイティングな決着方法**

どうしても勝敗を決しなければいけないトーナメントでは、前後半を終えて点差がつかない場合、延長戦を行います。延長戦でも勝敗が決まらない場合はPK戦！　というのが現在のスタンダードですが、元日本代表のオシム監督のように「PK（ペナルティーキック）はサッカーとは別もの」という考えも少なくありません。

そんな声を反映して考案されたのが、延長戦で勝敗を決めるゴールデンゴールです。延長戦でどちらかのチームが得点したら、即試合が終わるこの方式。リーグ戦で導入したのは実はJリーグがは世界で初めて。以前はサドンデス方式と呼ばれていましたが、英語で「突然死」を意味するネガティブな表現を改め、日本国内ではVゴール、国際的にはゴールデンゴールと呼ぶことが決まりました。

ゴールデンゴールはFIFAが98年フランス、02年日韓大会の二つのワールドカップに導入したのをはじめ、欧州選手権、五輪などでも採用されましたが「試合の残り時間があるにもかかわらず反撃の機会を奪われる」などの理由で問題視する声が挙がりました。結果として、04年、FIFAは延長前後半を必ず行う従来のルールに戻しました。しかし、近年、FIFAのブラッター会長がゴールデンゴールの復活を検討すると発表するなど、再び採用される可能性も出てきました。

**ポイント！　Vゴールは日本発祥！
試合形式で短期決着する試み**

他にもある勝敗決定方法

サッカーの勝敗を決定する方法は、PK、ゴールデンゴールの他にもいくつかあります。

UEFA（欧州サッカー連盟）では、延長前半で得点が決まっても前半終了までは試合を続けるシルバーゴール方式を採用していました。ゴールが決まっても反撃の機会を得られるため、ゴールデンゴールの不公平感を減少させる方式として採用されましたが、この方式も2004年に廃止されました。その他、PK戦に代わる方法として、アメリカのMLS（メジャー・リーグ・サッカー）で採用されていたシュートアウトがあります。

ゴールデンゴール（サドンデス）	延長戦に入って、1点を取った時点でそのチームを勝ちとする方式。
シルバーゴール	延長戦の前半、もしくは後半終了時に勝ち越しているチームを勝ちとする方式。
延長戦	先にどちらかのチームが点を取っても、前後半とも最後まで行われる方式。
シュートアウト	ドリブルでゴールに向かい、GKと1対1で制限時間内にシュートを放つ方式。
PK	両チーム5人の選手を選び、交代しながらGKと1対1でシュートを放つ方式。

規定の試合（前・後半）を終えて両チームの得点が同じだった場合に勝敗を決するため、これまで使われた方式は上記の五つ

CHECK! 一緒に覚えたい関連用語

シュートアウト
PKをエンターテインメントに！

MLSの前身でありペレやベッケンバウアー、クライフも在籍したNASL（北米サッカーリーグ）で採用された決着方法が、アイスホッケーの同名ルールを模したシュートアウトです。これは攻撃側がゴールから35mの地点からドリブルし、一定の時間内にシュートを打つというもの。

攻撃側とGKが1対1で争う点はPKと同じですが、制限時間と距離で駆け引きが行われ、よりエキサイティングな決着方法といえます。MLS初期にも採用されていましたが、現在は国際ルールのPKが行われています。

シュートアウトによるGKとの1対1は、PKとは違い、制限時間内で自由にドリブルシュートを打つ。スピードやテクニックなどゴールを狙う個々のアイデアが見ものだった

マンツーマン

初級編 05 Beginner

1対1は守備の基本
マンツーマンとゾーンの違い

サッカーでマンツーマンといえば、マンツーマンディフェンスのことです。ピッチ上でGKを除いた10人の選手が相手10人をマークすれば、フリーになる選手はいなくなる…元々はこうした考えから生まれた守備システムでした。しかし、めまぐるしくポジションチェンジを繰り返し、DFであってもゴール前をうかがう、現代の組織的なサッカーでは、すべての選手がマークにつききることは不可能です。そこで、人ではなく地域（ゾーン）を守り、マークを受け渡しながら守るゾーンディフェンスが現在では一般的な守備方法です。

マンツーマンディフェンスは、マンマークディフェンスとも呼ばれ、現代サッカーにおいて相手のゴールゲッターや中心選手に対して特定のマーカーをつける場合があります。またプレーが止まった状態から再開されるFKやCK（コーナーキック）の際、マンツーマンやゾーンを併用して守備するチームも少なくありません。

システムとしてのマンツーマンはサッカーのトレンドから外れてしまいましたが、1対1はサッカーの基本です。ジュニア年代では守備の意識を高めるためにマンツーマンに取り組むチームもあり、マインドとしてのマンツーマン、個々が責任を持ってマークする概念は、ゾーンディフェンスが主流の現在でも重要視されています。

ポイント！ 1人が1人をマーク 絶対に抜かせない気力も大切

018

役割のはっきりしているマンマーク

マンツーマンディフェンスの最大のメリットは目の前の相手だけをマークすれば良いというシンプルさにあります。相手の動きに合わせてぴったり張りつき離れない。そうすることで、パスコースをふさぎ、チャンスを作らせないのです。その代わり、1人が抜かれてしまうと決定的なピンチが訪れます。マンツーマンを採用したチームには、プレーヤー全員が1対1で必ず勝つことが求められます。また現代サッカーでは、マンツーマンであってもボールの位置によって、相手と距離をとったり、味方とマーカーを交換（スイッチ）する状況判断も必要になります。

マンツーマンディフェンスは、マークを受け渡さずに特定された1人の相手についていく。

マンツーマン

ドリブルで迫ってくる相手と自チームの選手が1対1の状況。ＤＦは簡単に抜かれたり、パスをさせない守備をする。味方のＤＦは前線の選手の動きに合わせてマークを続ける

CHECK! 一緒に覚えたい関連用語

ゾーン　エリアとボールを守る守備方法

マンツーマンがあくまで人の動きに対応しているのに対して、それぞれの選手が担当エリアを守るのがゾーンディフェンスです。自分の受け持つエリアに侵入してきた相手選手だけをマークし、それを受け渡しながら守るのが基本です。アリゴ・サッキ監督がＡＣミランでプレッシングサッカーを完成させた90年代以降は、複数の選手が相手を押しつぶすように（プレス）して、守備をするプレッシングディフェンスと併用されるようになりました。いまではゾーンディフェンスといえば、ゾーン＋プレスディフェンスを指すことも珍しくありません。

ゾーンディフェンスは、自分の受け持ちの範囲に入ってきた相手だけをマークする。

ゾーン

パスを受けようと自陣に侵入してくる相手の攻撃選手をゾーンごとに守る。マークすべき選手が自分のゾーンから出て行けば、深追いはせず味方のDFにマークを受け渡す

初級編 06 Beginner

プレッシャー

組織的サッカーに必要不可欠な守備戦術の扇の要

攻撃側の選手に対して守備的アプローチを行うことをプレッシャーと呼びます。ボールを持っている選手に対して守備に行くのも、パスコースを分断するために守備位置を変えるのも、ボールを持たない選手のマークに走るのも、すべてプレッシャーと考えていいでしょう。

「プレッシャーをかける」「積極的なプレッシャー」「プレッシャーが厳しい」などの使い方をしますが、プレッシャーがなければ、相手はフリーでプレーすることになり、守備側は不利になります。プレッシャーは日本語では圧力と言い換えたりもします。守備の圧力、圧力をかけてボールを奪うといった場合は、プレッシャーと同じ意味で使われているのです。

プレッシャーには精神的圧迫という意味もあります。守備側の複数の選手がボールホルダーに対してプレッシャーをかければ、相手選手がミスをする可能性が高くなります。周りを囲んでボールをそのまま奪ってしまうのが理想ですが、文字どおりプレッシャーに負けた選手のパスミスを誘ったり、プレーを遅らせたりすることも可能です。

「チームで連動してプレッシャーをかける守備」は、組織対組織、戦術要素が勝敗に絡むことの多くなったサッカーでは、欠かすことのできない守備戦術になっています。

ポイント! 相手に圧力をかけミスを誘う守備の基本となるアプローチ

プレッシャーで追い込む守備

プレッシャーは1対1の局面だけに限ったものではありません。複数の選手が連動してプレッシャーを仕掛けることで、一手、二手先でボールを奪える状況に相手を追い込むこともできます。右図のようにボールホルダーに対して一斉にプレッシャーをかければ、相手選手は空いているスペースを探し、プレッシャーを受けていない味方にパスを出します。ここでパスの受け手をフリーにせず、プレッシャーをかけ続けることができれば、たまらず相手は「逃げ」のパスを出さざるを得なくなります。結果、相手を狭い地域に追い込み、ボールを奪いやすい数的有利の状況を作り出せます。

ピッチ中央のボールホルダー(ボール保持者)に対してＤＦの4人がそれぞれのアプローチでプレッシャーをかけに行きボールを奪う。仮にボールが奪えなくても、圧力の強い中央からサイドにボールは移動し、相手を追い込むことができます

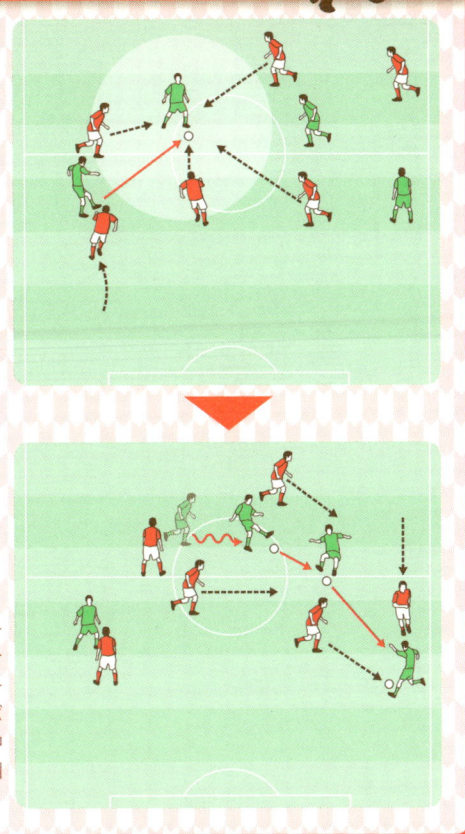

CHECK! 一緒に覚えたい関連用語

プレス 相手をプレス(圧縮)する守備

プレスディフェンスは積極的なプレッシャーで相手を囲い込みボールを奪う守備方法です。一例としては、ＤＦラインを高く押し上げ、最前線のFW(フォワード)から最後方のDFまでピッチ上の選手が位置するスペースを狭くして、ボールがある場所にプレッシャーをかけやすくする方法です。「プレッシャー」と「プレス」が似ているためか、単にボールホルダーにプレッシャーをかけに行くことを「プレス!」と言う人もいます。しかし、本来はボールを持つ相手を複数の選手で囲い込んで圧縮するプレスと、プレッシャーをかけに行く行為そのものは別です。

初級編 07 Beginner

アーリークロス

DFとGKの間を鋭く狙う必殺のクロスボール

相手陣内の左右からゴール前に送るロングパスをクロスボールと呼びます。通常のクロスボールが相手陣内の深い(ゴールラインに近い)位置から上げられるのに対して、比較的浅い位置からゴール前へ送るクロスをアーリークロスと呼びます。

英語の「アーリー(時期的に早いこと)」が示す通り、攻撃の早い段階でクロスを上げる利点は、相手の守備陣形が整う前にゴール前に奇襲をかけられることです。DFは自陣に戻りながらの守備を強いられ、GKとの連係も難しくなります。DFとGKの間のスペースは双方の守備範囲に迷いが生じやすい「危険なゾーン」。守備側から見れば、ここをめがけて蹴り込まれるアーリークロスは、ゴール前に混乱をきたす、とてもやっかいなパスです。キッカーが利き足側のサイドからクロスを入れた場合は、GKから逃げていく軌道を描きやすいので、効果的にDFとGKの間を突くことができます。アーリークロスの名手としてはデビッド・ベッカムの名前が一番に挙がります。鋭い弧を描くピンポイントクロスでゴールを演出する選手をクロッサー(クロスを上げる選手)と呼ぶこともあります。日本ではクロスボールよりも「中央で合わせる」という意味のセンタリングという言葉が使われてきましたが、現在では世界標準のクロスが多く用いられています。

ポイント！ アーリー(早めの)クロスは奇襲策！戻りながらの守備は難易度MAX

守備陣形が整う前に上げる

　アーリークロスに対処するDFは、攻撃側の選手と並走し、ゴール方向に戻りながら守備をする必要に迫られます。こうした状況では、ボールとマークすべき相手を同時に見ることができず、ボールを見ている隙にマークを見失う危険性があります。

　アーリークロスは通常のクロスに比べて速く、鋭いボールが多いので、うっかり足を出してしまうとオウンゴールになる可能性もあります。GKからすれば自分から逃げていくようなカーブがかかっているため、前に出る判断が難しくなります。質の良いクロスを蹴れる選手がいる場合は大きな武器になります。

ボールから遠いファーサイドで狙う
ボールに近いニアサイドで狙う

アーリークロス

右サイドを深くえぐらずに、早めにクロスボールを上げる。狙い所は戻っていくDFとGKの間。ニアで触れれば即ゴール、ファーの選手に合わせても良い

CHECK! 一緒に覚えたい関連用語

クロス（センタリング）
サイドから崩す近代サッカーの典型的な得点パターン

　貴重な得点源であるサイド攻撃で重要な役割を担うクロスボール。ピッチサイドをゴールラインに向かって駆け上がり、中央へとボールを折り返すクロスは、DFの隙を突きやすいため、守備陣形が整っている遅攻の際にも有効な攻撃方法です。DFはピッチサイドにあるボールとゴール前の選手の状況に交互に目を配る必要が生まれ、非常に守りづらい状況になります。クロスにはアーリークロスの他にもDFの頭上を山なりに越すものや、地面を転がるグラウンダーなどのバリエーションがあります。

マークが整っている

クロス

DFの守備陣形が整っている場合は、DFの頭を越える山なりのボールやスペースを突くボールを送る。状況によって最適なクロスを選択することで、決定的なチャンスを作り出す

初級編 08 Beginner

オーバーラップ

数的優位を作るオーバーラップの動き

いまやインテル（イタリア）のキャプテンを務める長友佑都やドイツ・ブンデスリーガで活躍する内田篤人ら日本を代表するSB（サイドバック）の選手たちが、度々見せるのがオーバーラップです。

サイドの選手がパス交換をしながら相手陣内深くに攻め入っていく連係プレーはスタンドを沸かせるハイライトの一つです。この連係プレーの代表例となるオーバーラップは、後ろにいた選手がボールを持った選手を追い越す動きのことを指します。また、サイドの選手だけでなく、DFの最後方にいる選手が攻撃参加することや、ポストプレーヤーを追い越すMFの動きもオーバーラップに当たります。

オーバーラップの最大のメリットは、数的優位を作り出しやすいことです。後方から攻撃参加してきた選手には守備側のマークがついていないことが多く、守備に混乱を呼び、効果的な攻撃を行うことができます。現代サッカーでは特にSBの攻撃参加が必須条件となっていて、日本代表の長友、内田のように左右両サイドの選手が、常にオーバーラップを仕掛ける姿勢を見せ、高い位置取りを維持するスタイルも珍しくありません。

前線の選手を追い越すオーバーラップの動きを1試合で何回できたかは、SBのチーム貢献度の目安といってもいいでしょう。

ポイント！ 後方からボールホルダーを追い越して攻撃参加！

世界の戦術・理論がわかる! 最新 サッカー用語 大辞典

マークを外すオーバーラップ

オーバーラップの成否は「フリーランニング」と呼ばれるボールを持たない選手の動きと、ボールホルダーの連係が鍵となります。後方から選手がフリーランニングで走り込むタイミングも重要ですが、ボールホルダーが自分でボールを前に運ぶ意思を見せ続けることも大切です。

DFが後から来たSBに気をとられるようならボールホルダーはそのままドリブルで中央をうかがいます。後方から長い距離を走るSBにパスが出ないのは一見すると無駄走りに見えますが、オーバーラップの動きが効果的な囮になってチャンスが広がっているのです。

オーバーラップ

右SBの選手がボール保持者を追い越す動き。これにより、ボールホルダーは、オーバーラップした選手へのパスと、自らドリブルで仕掛ける選択肢を得られる

CHECK! 一緒に覚えたい関連用語

インナーラップ ピッチの内側を通る場合

オーバーラップがボールホルダーをピッチの「外側」から追い越す動きなのに対して、「内側」を通って前に抜け出る動きをインナーラップといいます。日本にオーバーラップという言葉が入ってきた当初は、内と外で使い分けられるのが当たり前でしたが、近年ではどちらもオーバーラップとして表現することも増えています。動きとしての頻度はタッチライン側に膨らんで追い越すオーバーラップが上ですが、ピッチの中央部を通り、ゴールに向かうインナーラップは守備選手に脅威を与えるバリエーションとして効果的です。

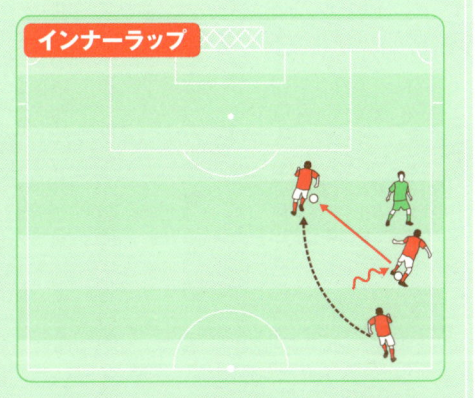

インナーラップ

タッチライン付近にいるサイドのMFの左側をSBが追い越していく動き。インナーラップはオーバーラップの反対のサイドを通って攻め上がる動き

初級編 09 Beginner

フェイク＆フェイント

1対1で相手をかわすために必要な抜き技

ドリブルで相手を抜くいわゆる「抜き技」はサッカーの花形です。ペレ、マラドーナ、クライフ、ジーコなどのレジェンドはもちろん、ロナウジーニョ、メッシ、C・ロナウド、ネイマールら現代の天才たちも、それぞれが独自のテクニックを駆使して相手を置き去りにします。

いま名前を挙げた選手のプレーを思い浮かべるだけでも、フェイク（だましの動作）やフェイント（だましの足技）など抜き技にはさまざまな種類があることがおわかりいただけるでしょう。C・ロナウドのようにスピードを活かしたシンプルなフェイントを駆使して抜き去る選手もいれば、ロナウジーニョのように止まった状態でフェイントを繰り出し、魔法のごとく相手の逆をとってしまう選手もいます。メッシが得意とする一見シンプルに見えて、実は細かい動きの中に織り交ぜられた無数のフェイク、ネイマールが駆使する自由な発想のフェイントなど…。

彼らはアイデアを確かな技術で裏打ちし「ボールを持ったら目が離せない」魅力を発散します。

サッカーキッズはもちろん、大人であってもサッカーのスキル向上のためにはこうした見て楽しいプレーを真似するのが一番の近道です。この項では、観客を沸かせる抜き技にフォーカスして、代表的なものをご紹介します。

ポイント！ 選手のアイデアとスキルが結実した相手をかわす必須の技術

フェイント① シザーズ

シンプルなだけに効く！ハサミのようにまたぐフェイント

シザーズはまたぎフェイント、ステップオーバーとも呼ばれ、「シザーズ（ハサミ）」の名が示す通り、ハサミの刃のように半円を描きながらボールをまたぎ、守備者の裏をかくフェイントです。

シザーズにはボールを止めた状態から行うものと、ドリブル中にボールを前に進めながら行うものがあります。止まった状態からのシザーズはロナウジーニョ、ネイマールなどが得意にしていて、正対するDFに対して、まるでダンスのようなステップを組み合わせて抜いていきます。ドリブル中のシザーズはC・ロナウドやディ・マリアの得意技です。高速で移動しながら連続シザーズを繰り出されると、DFは簡単に逆をとられ、置き去りにされてしまいます。

シザーズのバリエーション

シザーズは比較的シンプルな動きで相手守備者の体重バランスを効果的に崩すことができるフェイントです。ボールをまたぐ際に内側から外側、または外側から内側にまたぐシザーズを組み合わせ、これを素早く連続して行うことで、守備者は惑わされ、バランスを崩すのです。内→外、外→内の足の動きに加え、右足、左足でのシザーズを組み合わせることで、相手を翻弄するステップを身につけることができます。ドリブル中、トップスピードでシザーズができれば、わずかな動きで相手をかわすことも可能です。ボールをまたいでいる間はDFとボールの間に自分の足が入るので、ボールを安全に保持できるメリットもあります。

外またぎ

内またぎ

上の図は右足で行う内から外へのシザーズ。下の図は外から内へのシザーズ。またぎ足は骨盤を支点に半円を描いてボールの前を通す

フェイント② エラシコ

足首のしなやかな動きが鍵！
反力のあるゴムみたいに切り返そう

「ボールが足に吸いつくようなドリブル」とよく言いますが、エラシコはまさにそんなフェイントです。足の甲の外側でボールをなでるように触りボールを押します。足首を目一杯柔らかく使い、ボールが転がる先をふさぐように同じ足の内側で逆方向に切り返す。足先だけでの急転回で、守備者は簡単に逆を突かれてしまいます。

1970年代、ブラジル代表で活躍した「魔術師」リベリーノがエラシコの生みの親とされてきましたが、リベリーノ本人は日本でもおなじみのセルジオ越後が元祖だと語っています。現在はバルセロナの先輩ロナウジーニョ直伝のエラシコを見せるメッシやC・ロナウド、イブラヒモビッチなどがこのフェイントを得意としています。

実戦向きの"抜き技"

　右足で行う場合は体を右に向け、右足のアウトサイドでボールタッチ。そのままボールと足を一緒に右に動かして、右方向に進むと見せかけます。ここから、右足を柔らかく使い、インサイドでボールをブロックするようにして弾き返し、逆方向となる左斜め前にボールを出します。

　遊びの要素が強いフェイントと思われがちですが、ボールの動きと体の向きが逆になるため、相手を効果的にだますことができ、実用性の高い「抜き技」として試合で使えます。大きなモーションで行うとさらに威力が増し、一連の動作を素早くスムーズに行えば、相手の逆を突く効果は格段にアップします。

外になでて

切り返す

アウトでボールにタッチする際は、ヒザの位置に要注意。ヒザがボールの外側に近づけば、大きなモーションでのエラシコが可能に

フェイント③ クライフターン

レジェンドが編み出した マークの裏をかくターン系フェイント

「空飛ぶオランダ人」と呼ばれたヨハン・クライフの名を冠した技がクライフターンです。

1974年、西ドイツ（当時）で行われたワールドカップにおいて、密着マークにつくDFをかわした際の美しさから一躍有名になりました。ターンといってもスケートのように360度回転する技ではなく、キックフェイントと方向転換が組み合わさった複合技です。

パスを出すような動作から、足の内側でボールを引き戻すように動かして軸足の後ろを通し、真逆の方向に抜け出します。クライフが行ったのは相手ゴールに近い左サイドの深い位置でしたが、いまでは、ピッチ上の至るところでオーソドックスなフェイントとして多く使われています。

本家は早さが段違い

いまでは軸足の裏を通すタッチの仕方や体勢など、いくつかアレンジされたものを総称してクライフターンと呼ぶ傾向にありますが、クライフが行った一番有名なクライフターンは、DFを背負った状態からスタートしています。DFを背後に置いたまま右足でボールをキープしたクライフは半身になりながら右足でキックフェイント。と同時にボールを素早く軸足の後ろに通して、相手を抜き去ったのです。進行方向で見れば180度のターンですが、キックフェイントの体勢からは90度しか向きを変えていません。一連の動作があまりにもスムーズで高速だったために瞬間的に何が起きたか理解できない人も多かったようです。本家の切れ味は、さすがといったところでしょう。

振り上げた右足でキックフェイント。鎌で刈り込むようにボールをインサイドで引く。軸足の後ろを通して逆方向へ進む

ボールを蹴る真似をしながらターン…

軸足の後ろにボールを送る

フェイント④ マルセイユルーレット

軸足を入れ替えながら「円」を描く2連続ターン

90年代半ばから10年ほど続いたフランス黄金期の立役者、ジネディーヌ・ジダンが得意としたのがマルセイユルーレットです。彼が地元・マルセイユのストリートサッカーで培った技術がもとになっていることからこの名前がついています。フランスの路地や小径などの狭いスペースで生まれ、磨かれた技らしく、混雑したエリアで大いに効果を発揮します。ジダンも中盤の密集地でこのルーレットを多用しました。

かつてはマラドーナも同じようなターンを披露しており、ジダンの専売特許というわけではありませんが、まるでコンパスのように軸足をぶらさず、流れるようなターンで相手を抜き去るジダンのルーレットは、多くの選手のお手本となりました。

ボールも体も常に動かす

ルーレットの動きの手順は、左右どちらかの足裏でボールを引く→ボールを引いた足を軸足に変え、体を回転させる→逆の足でボールを引きながらさらに回転する、の三つに分けられます。

ファーストタッチはほんの一瞬。足裏でさっとボールを引いて、まず180度ほど体を回転させます。次に逆足の足裏でボールを受けながら同時にボールを真後ろに引きます。体は回転を止めないので、最終的には270〜360度のターンをしてボールを進行方向に運べるというわけです。ジダンはこのルーレット左右どちらの足でも自在に操れる名人でした。2連続のルーレットで2人のDFを置き去りにしたこともあります。

ファーストタッチを利き足で行うとスムーズにターンできる。DFとボールの間に軸足をつき、体を入れてボールを守りながら回転

初級編 10 Beginner

オフザピッチ

サッカーの練習や試合以外の活動 ピッチを離れたときの意識も大切

育成年代の話題でよく耳にするのがオフザピッチという言葉です。試合や練習などピッチ上のことをオンザピッチというのに対して、普段の生活、活動のことをオフザピッチといいます。

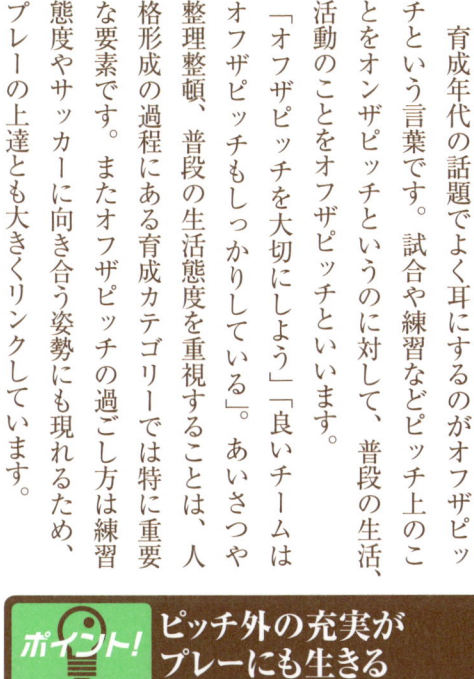

「オフザピッチを大切にしよう」「良いチームはオフザピッチもしっかりしている」。あいさつや整理整頓、普段の生活態度を重視することは、人格形成の過程にある育成カテゴリーでは特に重要な要素です。またオフザピッチの過ごし方は練習態度やサッカーに向き合う姿勢にも現れるため、プレーの上達とも大きくリンクしています。

ポイント！ ピッチ外の充実がプレーにも生きる

オフザボール

オフザピッチと似た言葉にオフザボールがあります。オフザボールは「ボールに触れていない時間」の意味ですが、単純にボールを触っていない時間、またその過ごし方を指すことはあまりありません。オフザボールとはピッチ上で「ボールを持っていない状態」を指すことの方が多い表現です。

「オフザボールの動き」といえば、ボールをもらうための動きやフリーランニングのことをいいます。対となるオンザボールはボールに触れている状態のことです。1試合を90分としたとき、1人の選手が実際にボールに触っている時間は、わずか数分程度と言われています。つまりサッカーでは、オンザボールの時間帯よりもオフザボールの時間帯の方が長いのです。

オフザボールは、サッカーの動きにかかわる話、オフザピッチは生活態度の話と、まったく別物のように見えますが、どちらにも共通しているのは、オンの時間よりオフの時間が長く、オフの状態の過ごし方がオンの状態にも影響を与え、決定的な違いを生むということです。良いプレーをするためには普段の心がけが、良い動き出しのためには的確な準備が大切になってくるのです。

初級編 11 Beginner

Jリーグ

日本サッカーの最高峰となるプロリーグ

1993年に誕生したJリーグは、正式名称を日本プロサッカーリーグといいます。アマチュアリーグだった日本サッカーリーグを前身に、地域密着、サッカーだけでないスポーツ環境の充実などを掲げた「Jリーグ百年構想」を軸に、日本サッカーの象徴的役割も果たしています。

Jリーグ発足後の98年には日本サッカー界の念願だったワールドカップ出場を果たし、以来日本代表は5大会連続で本大会の切符を手にしています。また、多くの選手を海外トップクラブに送り出しているわけですから、Jリーグ誕生が日本サッカーの成長、底上げに寄与しているのは間違いありません。

これまでは成績の上位、下位によってJ1、J2の2部制で運営していましたが2014シーズンからはプロクラブの増加を意図してJ3を新設、三つのリーグとなりました。JFL（日本フットボールリーグ）を頂点とするアマチュアリーグはJリーグとは別に構成されますが、いくつかの条件、JFLでの結果次第ではJリーグへの参入も認められるため、実質は大きなピラミッドの一部を形成していると言っていいでしょう。

世界的にサッカークラブの赤字解消を目指す規定が重要視される昨今、日本でもクラブライセンス制度を導入。経営の健全化が求められています。

ポイント！ トップレベルの選手が集う 日本サッカー最高峰のプロリーグ

日本のサッカー界の仕組み

日本のサッカーリーグはJ1を頂点とするプロリーグ、JFL以下のアマチュアリーグからなる、一つの大きなピラミッドになっています。J3誕生時にJ3とJFLは同列の位置づけになりましたが、Jリーグ参入にはJFLでの成績条件が加味されるので、実質は右図のような構造と考えていいでしょう。Jリーグに参入するためには本拠である自治体の支援やスタジアムの確保などの条件を満たす必要があります。またJリーグに加盟済のクラブに対しても、財政面の改善、経営基盤の強化を目的とするクラブライセンス制度が導入されています。

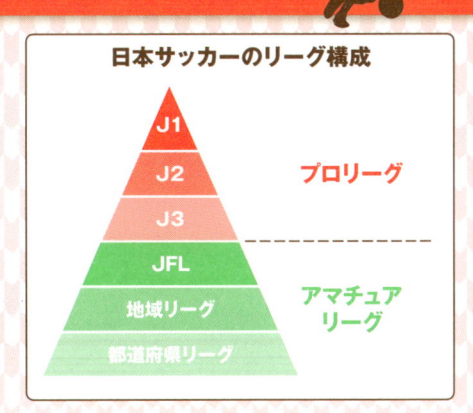

日本サッカーのリーグ構成

- J1 ┐
- J2 ├ プロリーグ
- J3 ┘
- JFL ┐
- 地域リーグ ├ アマチュアリーグ
- 都道府県リーグ ┘

日本の1種(年齢制限のないチームで構成される)リーグは上記の構成。J3とJFLを同列に、プロリーグとアマチュアリーグを分けた二つのピラミッドという見解もある

CHECK! 一緒に覚えたい関連用語

監督ライセンス —— 日本サッカーの指導者認定制度

日本でサッカークラブの監督をするには基本的には日本サッカー協会が定めた指導者ライセンスの取得が必須です。日本代表、Jリーグクラブの指揮を執る場合は最上位であるSライセンスか、海外の同等資格の取得が必要です。

Jリーグ発足を機に整備された指導者のライセンス制度は、指導者の育成の他に体系だった学習を望む市井の指導者の勉強の場としても活用されています。右表のコーチライセンスの他に、公認ゴールキーパーコーチ、公認フットサルコーチなど、専門分野のライセンスも用意されています。

ライセンス	内容
公認S級コーチ	Jリーグトップチーム(第1種登録チーム)、日本代表チームの監督。
公認A級コーチジェネラル	第1種登録チームのうち、サテライトチーム(若手育成リーグ)やJFL、なでしこリーグの監督、あるいはJリーグトップチームのコーチング(旧体系のA級、B級に相当)。
公認A級コーチU-12	2007年に新設された、U-12(小学生)年代指導者の最上位ライセンス。Jリーグクラブ・JFAなどでU-12年代の指導を行う場合はこのライセンスの保持が必須。
公認B級コーチ	第2種登録(ユース=高校生)以下の監督・コーチング、サッカースクールの指導・普及(旧体系でのC級に相当)。
公認C級コーチ	旧体系での公認地域スポーツ指導員B級、C級、公認準指導員に相当。取得年齢は18歳以上。
公認D級コーチ	旧体系での公認少年少女サッカー指導員に相当。取得年齢は18歳以上。

初級編 12 Beginner

レフェリー

サッカーの試合における名脇役？
レフェリーの存在と役割

サッカーの試合を影で支えるのが、レフェリーの存在です。サッカーのルールはシンプルですが、ときに解釈が分かれ、判断に困るような状況が出てきます。こうしたときに判定を下しゲーム進行をスムーズにするのがレフェリーの役目です。

サッカーはプロスポーツとして大きなビジネスの側面を持つようになりました。得てしてレフェリーの存在も、勝敗を左右する判定や誤審で語られがちですが、サッカー競技の誕生当初はレフェリーがいなかったのをご存知でしょうか？

レフェリーは、キャプテン同士が話し合い決まらなかったことについて、refer（問い合わせる、ゆだねる）する存在としてあっただけでピッチ上にはいませんでした。こうした背景を知るとレフェリーへの見方が少し変わるでしょう。

レフェリーは正確な判定を下すために努力を重ねていますが、サッカーの試合は根本的には性善説に立って運営され「人間だから間違えることもある」という考え方で成立しています。

スポーツ界では機械判定、ビデオ判定が積極的に取り入れられていますが、サッカーは試合の流れを分断するビデオ判定導入に現時点では消極的です。すでに導入されたゴールを機械的に判定するゴールラインテクノロジーも補助的なもので、レフェリーの判定が最終的に優先されるのです。

ポイント！ レフェリーは裁くのではなく判断を下す、一緒にゲームを作る存在

進化するレフェリング

時代と共に変化するサッカーに対応すべく、レフェリングもさまざまな進化を遂げてきました。1度の間違いが試合に決定的な影響を与えかねないレフェリーは批判にさらされることも多い仕事です。そこで技能レベルを維持するためレフェリーも選手のように選抜され、テストを受けているのです。例えばワールドカップに出場するレフェリーは主審、2名の副審でチームを組み、実績はもちろん、体力テスト、実際の試合での様子を審査され、本戦出場を目指すのです。

選手の運動量が飛躍的に増え、激しく攻守が入れ替わる試合に対応するには、主審は効率的かつ精力的にピッチ上を走り回らなければいけません。以前は線審と呼ばれ、タッチライン、オフサイドの判定に集中していた副審も権限が増え、呼称が変わりました。レフェリーの中にはこの他に選手交代やアディショナルタイムの掲示をする第4の審判、緊急時のための予備審判がいます。

副審の動き
主審の動き
主審と副審で左右からプレーを追う。

試合全体の把握が必要な主審はピッチを対角にジグザグに走り、常にプレーが起きている地点でジャッジすることが求められます。タッチライン沿いにいる副審は主審の死角になり得るコーナー付近やオフサイド、ゴールラインの判定を担っています

CHECK! 一緒に覚えたい関連用語

七つ道具　主審に必要な仕事道具

レッド、イエローなどのカードはもちろん、予備の時計、笛、メモ帳など。ルールブックに定められてはいませんが、レフェリーは役割を果たすために必要なものを携行します。現在はレフェリー間で音声通信を行うヘッドセットやオフサイドフラッグに連動して振動する電子機器なども使用されています。

レッドカード／イエローカード／記録カード／時計×2／笛×2／筆記用具／トス用コイン／ライセンスワッペン／リスペクトワッペン／フェアプレーワッペン／バニシングスプレー

初級編 13 Beginner

キック

サッカーを象徴する技術
ゴールを狙うテクニカルなシュート

手に比べて器用とは言えない足でボールをコントロールして運び、ゴールを目指すのがサッカーの面白さの原点です。サッカーをやっていなくても目の前に転がる石ころをついつい蹴りたくなった経験は誰にでもあるでしょう。人間の本能の中に組み込まれているという研究もあるほど、蹴る（キック）動作は説明のしようのない魅力を抱えています。

サッカーにおけるボールの移動手段は、ボールを足で転がして運ぶドリブルか、ボールを足で飛ばして運ぶキックのどちらかになります。このキックの項では、主にボールをゴールに蹴り込むシュート、中でも変則的な蹴り方を中心に説明したいと思います。

ゴールネットを突き破らんばかりの弾丸シュートや、きれいな弧を描いてゴールに吸い込まれていくカーブのかかったシュート。選手たちの足から繰り出されるさまざまなシュートは、ゲームの中でも一際まばゆい光を放ちます。

選手の技術だけではありません。ボールが進化することでも記憶に残るシュートが生まれています。重い天然皮革から合成皮革、ゴムチューブの開発による軽重化、縫い目をなくす技術開発の過程でバナナシュート、無回転シュートなどの魔球も誕生したのです。

ポイント! ボールを蹴る技術
さまざまに進化した蹴り方に注目!

キック① ラボーナ

トリッキーなクロスキック コントロール次第で実用性十分！

ラボーナは軸足の裏側から蹴り足を回し込んで行うキックです。ラボーナを初めて行ったとされるのが、アルゼンチン人のリカルド・インファンテ。この蹴り方で35m級のロングシュートを決め、一躍、時の人になりました。その後、ペレやマラドーナが試合中にたびたび披露することになるのですが、当時欧州では単に「クロスキック」という名前で呼ばれていました。

足を交差させて行うラボーナは見た目が派手で「魅せる技」としてとらえられがちです。しかし、ボールを受けた体勢が不十分でも利き足を使える、足をクロスさせることでDFやGKの混乱を誘えるというメリットを有するため、現在でも多くの選手が試合中に使用しています。

ラボーナを上手く使う選手

あくまでも左足一本で勝負したマラドーナに代表されるように、利き足でのプレーに絶対の自信を持つ選手が多用するのがラボーナです。シュートだけでなく、ゴールライン付近まで切り込み相手の間合いを外したクロスを上げたり、さらに切り返して戻りながらゴールに向かうクロスを上げたりといった意外性のある形で使われます。正確なパスには向かないと言われますが、世界最高のテクニシャンの1人、C・ロナウドは、オーバーラップしてきた味方へのパスや、ゴール前へのクロスはもちろん、あえて浮かしたボールでパスするなど、ラボーナの特性を把握し、効果的に活用しています。

ボールへの助走は斜め、もしくは横から。軸足のつま先をキックする方向に向け、ボールの手前につく。蹴り足は半円を描くように回し込み、軸足の裏を通してボールをヒットする。軸足を置く位置や、蹴り足のフォロースルーによってボールスピードや回転を調整する

キック② バナナシュート

バナのような弧を描きゴールに突き刺さる変化球シュート

DFの横をすり抜け、GKの指先をかすめてゴールネットを揺らすカーブシュートには、芸術的な美しささえ感じます。蹴り方のコツを覚えれば、ボールに回転を与えて曲げること自体は簡単ですが、一流選手が魅せるカーブボールの軌道はさらに複雑で到底実現できません。

バナナシュートはいまではあまり聞かなくなりましたが、ブラジルのレジェンド、ガリンシャが魅せたFKがその名を広めたと言われています。このシュートはアウトサイドで蹴られた外側に曲がるものでしたが、以降は曲がる方向を問わず、カーブするボールはバナナに例えてバナナシュートと呼ばれるようになりました。同様に、カーブする蹴り方をスワーブキックともいいます。

ブラジル・偉大なキッカーの系譜

FKで絶大な威力を発揮するバナナシュートは、ガリンシャによってその名を知られ、ペレによって世界中に広まりました。日本でバナナシュートを印象づけたのは「日本のレジェンド」釜本邦茂の引退試合でペレが見せたシュートでしょう。GKにセーブはされましたが、鋭く弧を描き曲がって落ちるシュートは、観ていた人の度肝を抜きました。

バナナシュートの伝統はブラジルに根づいているのか「左足の魔術師」リベリーノ、元日本代表監督にして「FKマスター」のジーコ、「二度曲がる」奇跡のFKを放った弾丸シューター、ロベルト・カルロスなど次々に名手を生んでいます。

カーブ回転はインサイド、シュート回転はアウトサイドを使ってボールを擦り上げるようにシュートする。足のどの場所でボールをヒットするかによってボールの変化に違いが生まれる

キック③ 無回転シュート

ブレながら落ちる！GKが最も手を焼く「魔球」

通常の蹴り方でキックされたボールは、インパクトの状態に沿った回転運動をしています。それに対し、意図的に回転を抑えてキックするのが、この無回転シュートです。ボールは無回転で飛ぶと、野球のナックルボールと同様に揺れながら落ちます。

この無回転シュートが流行した理由にはボールの進化が大きくかかわっています。天然皮革に変わる素材、成型技術の開発によりボールは、より真球（まん丸）に近くなり、空気抵抗の受け方が変わったため無回転シュートを発生させやすくなったのです。選手の努力、進化だけでなく、ボールの進化が技術の発展に影響を与えることもあるのです。

ハンマーのようにボールをたたく！

無回転シュートの蹴り方はさまざまですが、ボールの中心を叩くようにヒットし、フォロースルーは振り抜かないというポイントは共通しています。ボールの芯に足を当て、そのまま押し出すように力を伝えます。こうして蹴られたボールは無回転のまま飛んでいき、空気抵抗を受けて揺れたりブレたりするのです。

無回転キックは蹴った本人もどういう変化をするかわからないと言われますが、ブレ球の名手、イタリアのアンドレア・ピルロは、壁を越えた途端にゴール枠に向かって落ちるFKを度々見せています。彼にとって無回転シュートはイチかバチかの制御不能なものではないのです。

無回転シュートはブレながら落ちる「ナックル」ボール型のものとそのまますべるように直線的に伸びていく球質のものがある。二つのタイプを蹴り分けるのは一流選手でもそう多くはない。名手の蹴り方を参考に、まずはインパクトの感覚をつかめるように練習しよう

キック④ チップキック

ボールを山なりに浮かしてループシュート、頭越しのパスに活用

　ボールと地面の間に足を差し込むようにして浮かせるのがチップキックです。バックスイングを少なくボールをフワッとすくい上げたり、バックスイングを大きく取って少し長めのパスを出すこともできます。インパクト時にスイングを急止することで、ボールに逆回転がかかり、想像以上に柔らかい山なりのボールを送れます。これを利用して、GKの頭を越すループシュートにも用いられます。チップキックはシュート、パスの他、ボールを浮かせて相手をかわすドリブル技にも応用される汎用性のあるテクニックです。

　PKで大げさなキックモーションから急激に蹴り足を止めチップキックをすることでGKの裏をかくこの技術は「パネンカ」と呼ばれます。

立体的にスペースを使うキック

　サッカーのピッチは平面的な長方形でイメージしがちですが、ボールが行き交うエリアは本来は立体にとらえることができます。DFにパスコースをふさがれていても、頭上を越えるパスが出せれば新たなスペースを自ら作ることができます。狭いスペースでも山なりのボールを送れるチップキックは、ピッチを3Dで見るのに役立ちます。イタリアではクッキアイオ（スプーンの意）と呼ばれるチップキックの名手にトッティやピルロがいます。狭い地域でのパス、かわし技、抜き技そしてPK。ピッチを俯瞰できる選手たちは、さまざまなシーンで上空のスペースを駆使しプレーしているのです。

蹴り足で地面を踏みつけるようなイメージで。少し長い距離にボールを送る場合はバックスイングを大きくとってから、勢いよくボールの下に足を潜り込ませ、インパクトの瞬間に足を止める

キック⑤ オーバーヘッド

アクロバティックな離れ技
マンガでもおなじみのテクニック

海外の名選手にも大きな影響を与えたサッカー漫画『キャプテン翼』（集英社）でも多用されたのがオーバーヘッドキックです。ゴールに背を向けた状態で自分の頭上にあるボールを蹴るというアクロバティックで派手な大技です。難易度が高く、得点に至るシーンはなかなか目にしませんが、元ブラジル代表、リバウドの胸トラップからのオーバーヘッドやスウェーデン代表、イブラヒモビッチのペナルティーエリア外からの超ロングオーバーヘッドなど、いまも語り継がれる伝説的ゴールも生まれています。

蹴り足と逆の足を振り上げてからキックを行う動作が自転車を漕いでいる様子に似ているため、英語ではバイシクルキックともいいます。

ボレーシュートとの違い？

オーバーヘッドキックは自分の真後ろに向かってシュートするものを指します。真横から上げられたクロスにピンポイントで合わせることもありますが、空中で体を横に倒しているものは、ジャンピングボレーとされます。オーバーヘッドは相手選手を背負った状態から放てるので、ペナルティーエリア密集地ではDFがクリアなどにも使用します。

アクロバティックな技といえば、かつてコロンビアの超攻撃的GKイギータや、G大阪で活躍した浪速の黒豹エムボマの得意技で、エビ反り状態でシュートする「スコーピオン」もオーバーヘッドの同種の離れ業と言えるでしょう。

止まった状態から蹴り足だけを高く振り上げる方法と、逆足を軽く上げて反動をつけるものがある。後者の方がより高い位置でボールをとらえることができる

初級編 14 Beginner

ファーサイド

ニア（近い）とファー（遠い）
ボールを基準にしたエリア指示

CKを蹴る際に、選手たちが「ニア、ニア」「ファー」と叫んでいるのが集音マイクで拾われることがあります。サッカーでは選手間のコミュニケーションは不可欠で、スムーズな意思疎通のためには共通の認識や言葉を持っていないといけません。その代表例となるのが方向や地域を表す「ニア」と「ファー」の概念です。

ファーサイドは、ボールから遠い（ファー）サイドのことです。つまり、CKの際にボールを蹴るコーナーから遠い方のサイドを指しています。反対にニアサイドはキッカーに近い方のサイドです。同様にゴールの左右のポストをファーポスト、ニアポストと呼び、クロスの狙い所、目安にしたりします。

一般に、CK時に「ニア」を狙う場合は、速く低いボールを送り、GKの鼻先でピンポイントに合わせるのが鉄則です。ファーサイドを狙うときは、ニアで相手をつり、頭越しのボールにファーで待ち構えていた選手が合わせます。ニアとファーの意味を理解していなければ、こうした基本戦術を理解し、実行することはできません。

ニアサイド、ファーサイドはCKやクロスでの攻撃で必要不可欠の用語です。観戦時や自分がプレーする際でも、言葉の正しい意味を知ることはサッカーへの理解を深めるのに役立ちます。

ポイント！ 基準となるのはボールの位置　ボールから遠いサイドがファーサイド

フォアサイド？　真逆の意味になる誤解

英語を日本語で表現する難しさもありますが、よく耳にする間違いとして、ファーサイドのことを「フォアサイド」とする誤用があります。前線から守備に行く「フォアチェック」という言葉があるようにフォアという言葉は「前に位置すること」を指します。テニスのフォアハンド、バックハンドの関係から見れば、ゴール前の選手にとってはニアサイド＝フォアサイド、ファーサイド＝バックサイドとなってしまいます。発音の問題というよりは、どこかで言葉が混ざり、勘違いしたまま覚える人が多いのでしょう。

ニアとファーの概念はボールの位置を起点として考える。ボールから近いサイドがニア、遠いサイドがファー。図の解説もCKの位置が左になれば入れ替わる

CHECK! 一緒に覚えたい関連用語

ニアサイド　ニアサイドからゴールを狙う

CKに限らず、角度のある位置からシュートを打つ場合は、ゴールを真ん中から二分割して、ニアサイド、ファーサイドと区切って考えます。GKはシュートを打つ選手に近い方、つまりニアサイドのシュートコースを狭めるのが鉄則ですから、ニアサイドを狙うなら手の届きにくいゴール上隅がシュートの決まるスポットです。ファーサイドを狙ったシュートはGKが弾いた後のセカンドボールが拾いやすくなります。得点の嗅覚を持っていると言われるストライカーは、ファーサイドを狙った味方のシュートに対して、必ずゴール前に詰めています。

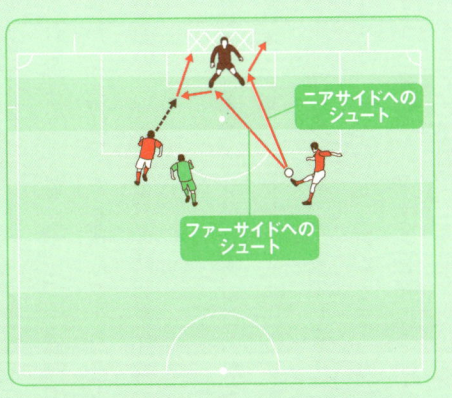

図のシューターの位置から見ると、GKの左手側がニアサイド、右手側がファーサイド。サイドを省略してニア、ファーと呼ぶことも多い

初級編 15 Beginner

ショートコーナー

クロスの入れ方に変化をつけるCK
バリエーションで得点を狙う

守備戦術が発展した現代のサッカーでは、プレーを止め、攻撃の陣形を作った状態からスタートできるセットプレーの重要度が増しています。相手陣内の最も深いところからいわば「ノーマークのクロス」を上げることのできるCKは、攻撃側にとって大きなチャンスといえます。

キッカーはフリーな状態でキックできますが、ゴール前でターゲットとなる選手には守備側の執拗なマークがつきます。そのため単純にボールを放り込んだのでは、大きくクリアされてチャンスも潰えてしまいます。

それを改善するために比較的古くから試されてきたCKの手法が、ショートコーナーです。キッカーが直接ゴール前に蹴り込むのではなく、近くに寄ってきた味方選手がショートパスを受けてクロスボールを入れる。こうすることで、守備側のタイミングを狂わし、遅れて走り込んできたターゲットに合わせたり、マークを外す時間を作ったりするのです。

国際試合ともなると相手に身長で劣ることが多くなる日本代表もショートコーナーをはじめとするトリックプレー、サインプレーを多用します。

ショートコーナーは相手に読まれてしまうと効果も薄まりますが、複数のパターンを身につけることでゴールの確率を上げることができます。

ポイント！ 長身DFへの対抗策
タイミングを外してゴール！

クロスのタイミングと角度をずらす戦術

ショートコーナーを行う目的は、守備陣の裏をかくことです。DFはキッカーがボールを蹴る瞬間に集中していますが、そこから直接ボールが上がらずにゴール前の選手に動きが生じると守備側には混乱が生じます。DFは角度の変わったクロスボールとマークの再確認を同時に行わなくてはいけないからです。

攻撃側の選手は事前にこの動きを把握しています。タイミングをずらせば、相手と駆け引きする時間が生まれ、フリーになる空間、シュートチャンスを作り出せるのです。

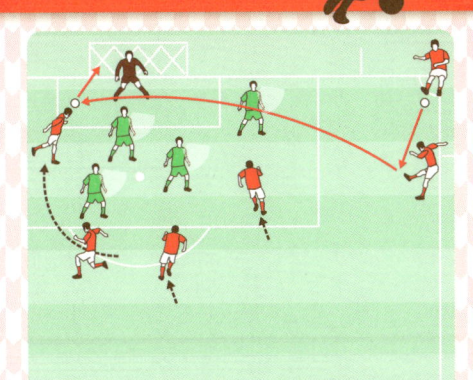

CKのキッカーは、近くに駆け寄ってきた味方選手にボールを預ける。その選手がそのままクロスを上げることでクロスの角度を変えたり、キッカーに戻してさらにタイミングを変えたりする

一緒に覚えたい関連用語

サインプレー　緻密に計算された頭脳プレー

ショートコーナー自体は比較的古くから用いられている戦術なので、単純にタイミングをずらした程度では相手との駆け引きを有利に進められない場合もあります。CKに限らず、FKを含むセットプレーは年々、さらに高度に複雑化しています。

予め決められた動きをチームの約束事とし、合図（サイン）と共に実行するプレーをサインプレーと呼びます。セットプレーの前に選手たちは何らかのサインを出し合い、練習通りの動きを再現するのです。Jリーグのクラブや日本代表の練習でも「報道陣にも非公開」という日は、秘密が漏れないようにサインプレーの練習をしていることも多いのです。

日本代表においても正確なボールを供給できるプレースキッカーを中心にたくさんのサインプレーを活用してきました。CKではありませんが、2000年に行われたアジアカップで中村俊輔→名波浩の連係で見せたFKからのダイレクトボレーは歴代最高のサインプレーと言っていいでしょう。

CKからマイナス（自陣側に戻る）方向に蹴ったボールを後方の選手がダイレクトボレーで狙う攻撃は日本代表が度々見せるパターンです。体格で不利となることの多い日本人選手にとってサインプレーは貴重な得点源です。

1点を争う拮抗したゲームではこうしたサインプレーが威力を発揮します。

初級編 16 Beginner

壁パス

2人でDFを崩す コンビネーションプレーの基本

ボールを持った選手が横方向にパスを出し、そのまま前方に走り抜け、再びリターンパスをもらう動きのことを壁パスといいます。パスの受け手を壁に見立て、跳ね返りを受けることから「壁」パスと呼ばれています。ちなみに同じ動きを表現するワンツーリターン（パス）は、往年の伝説的サッカー番組『三菱ダイヤモンド・サッカー』（テレビ東京）でおなじみのアナウンサー、金子勝彦さんが作り出した表現です。

壁パスを使えば、2対2の数的同数でもシンプルなパス交換で効率良く抜け出すことができ、ゴール前の密集地では、シュートにつながる動きとしても使えます。

壁パスは連係プレーの基本です。パスの出し手は、パスを出したらすぐに動き出し、空いているスペースに走り込む。受け手は走り込んでくる味方が見つけたスペースにパスを出す。コンビネーションの最小単位となる2人の連係ですが、この動きにはパスによる連動性のエッセンスが詰まっています。壁役の選手がパスを出した後さらにスペースに走り、リターンをもらう動きができればパスはどんどん連鎖してつながっていきます。

パスとフリーになる動きが連動した壁パスはDFの最後の砦を崩し、フィニッシュに持っていく手段として有効です。

ポイント！ コンビの鍵を握る パスを出した後の動き出し

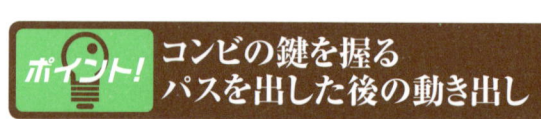

2対2でフリーになる方法

　2対2の数的同数で相手の守備を突破するには壁パスが効果的です。ゴールに向かう選手のマークをパス交換で外す壁パスは、別名の通り、ワン・ツーの2段階で完了するシンプルな連係技です。

　右図の通り、Ⓐは横についたⒷにパスを出し、同時にフリーでプレーできるスペースへと走り出します。パスを受けた壁役のⒷはＤＦを背負いながらワンタッチでⒶが走り込むスペースにパスを送ります。このときⒷはパスを出すためにボールを蹴るというよりも、壁役に徹し、体の向き、ボールに足を当てる角度のみに神経を払います。

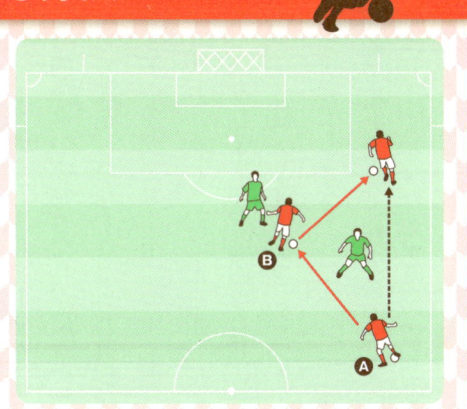

右サイドでボールを持ったⒶがⒷにパス。同時にⒶはマークを振り切りスペースへフリーランニングを開始。Ⓑはフリーになったにリターンパスを送る

CHECK! 一緒に覚えたい関連用語

パス&ゴー　出したら走れ！　サッカーの鉄則

　どんなに素晴らしいパスを出しても、パスを出した後その場所に留まって成り行きを見ているようでは、良いサッカー選手とはいえません。パスを出したら次のプレーを予測して、展開を有利にする位置に走り出す。いわゆる「パス&ゴー」がサッカーの鉄則です。

　壁パスはパス&ゴーの典型例の一つです。パスを出した後、止まってしまう選手はあっという間に相手にマークされていわば「死に体」になってしまいます。常に有機的にプレーにかかわるためには、パスを出したと同時に動き出すこと。これはサッカーにおいていまも昔も変わらない玉条なのです。

　動き出す、走るといっても、ただ闇雲に走ればいいわけではありません。パス&ゴーのセオリーでは、走り出す方向は縦方向が優先です。ゴールに直結する「崩しの動き」を意識しましょう。

　すべての選手が次の動きへの予測を働かせて、パスを出したら走るという単純なことを繰り返していけば、パスはどんどんつながります。その究極の形が世界最強のポゼッションサッカーを展開するバルセロナです。

　バルセロナのサッカーは単なるパス&ゴーではなく、ストップの動作も加えたような動き直しや、ワンタッチでのリターンパスを織り交ぜて変化をつけたもの。パスを回しながら相手の急所を探し続けるサッカーです。

初級編 17 Beginner

くさび

強固な相手のDFに打ち込む リズムを変える縦パス

くさびは、わずかな隙間に打ち込むことで石や金属などの固いものを割ったり、反対に物と物をつなぎ止めて固定したりするための道具「楔（くさび）」からきているサッカー用語です。主に攻撃のスイッチを入れる縦パスのことを指してくさびのパスと言ったりしますが、強固なDFに割って入り、後方から前線へと攻撃をつなぐパスと考えればわかりやすいでしょう。

相手陣内で待ち構える味方のFWをターゲットにして、主に足下へのグラウンダー（地面を転がる）のパスを送ります。くさびのパスを受けたFWは、ボールをキープするか、周囲に配球するかして攻撃の起点として機能します。

このパスを受けたFWを前に向かせないとしてDFの意識が1カ所に集中するため、周囲のプレーヤーはゴールに向かいやすくなります。

このDF心理を利用してFWがくさびのパスを味方へのリターンとして返すことを「落とす」、「落としのパス」とも言います。FWが落としたボールを受ける味方選手は前を向いてボールを受けられるため、そのままゴールに向かうドリブル、シュート、前線に動き出した味方へのスルーパスなど多くの選択肢を得ることができます。さまざまな展開を可能にするくさびのパスは攻撃へのスイッチを入れるメッセージでもあるのです。

ポイント！ くさびのパスは攻撃開始の合図 前線の選手は前を向いて勝負！

サイドを使ってくさびを活かす

くさびのパスは中央の危険なエリアに打ち込まれるため、DFのマークがパスの受け手に集中します。右図のようにFWにボールが入ると、サイドの選手をケアしていたDFもパスコースやボールを受けたFWの選手を無視できなくなります。サイドの選手はこの隙を逃さずにオープンスペースに走り込み、ポストプレーをこなすFWからフリーでボールを受け取ります。

ここからさらに展開するとすれば、ポストプレーヤーはパスを出したと同時に反転してゴール前に走り込み、サイドからのクロスに合わせてゴールという攻撃がイメージできるでしょう。くさびのパスをきっかけにゴールまで一連の流れで運べる最高の展開です。

ドリブルで相手陣内に侵入。DFを背負ったFWにパスを出す。パスを迎えに行ったFWはサイドを走る選手のマークが自分に引きつけられたのを確認してパスを出す

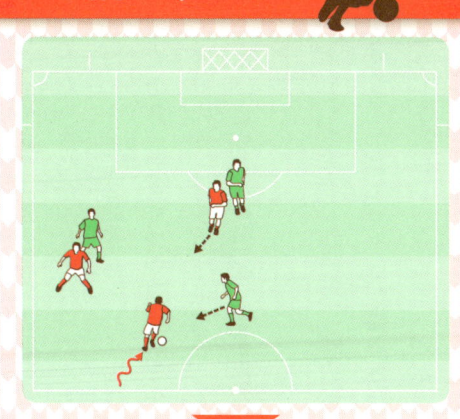

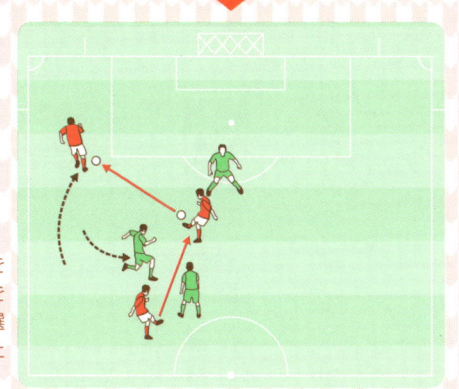

CHECK! 一緒に覚えたい関連用語

ポストプレー　受けて落とすつなぎのプレー

くさびのパスを受けるFWのプレーはポストプレーと呼ばれます。くさびのパスを受けるのがうまいことを指して、ボールの収まりが良いと評しますが、その条件としては柔らかなボールタッチと正確なコントロール、高いキープ力が求められています。

ゴール前、中央部は相手の守備が最も神経をとがらせる最激戦地。この位置で、プレッシャーを受けながらボールを収めることができ、ボールをキープして味方の上がりを待てる選手こそ、現代サッカーに不可欠な要素を備えたFWといえるでしょう。

初級編 18 Beginner

イエローカード、レッドカード、グリーンカード

試合をスムーズかつフェアに！
3色のカードでゲームをコントロール

いまでは試合中にカードが提示されるのはおなじみの光景となりましたが、これらのカードが導入されたのは、1968年からというのはご存知でしたか？ それまでも警告や退場がなかったわけではありませんが、イエロー＝警告、レッド＝退場とルールに定められたのは、そう昔のことではないのです。

1枚目のイエローカードは警告、同じ選手に対し1試合で2枚イエローカードが提示されると退場。悪質なプレーにはレッドカードが示され退場となる…というのがカード使用の基本的なシステムです。

カードの使用は、1966年にイングランドで行われたワールドカップで、退場に応じない選手がいたり、警告が誰に出たかを巡って混乱が起きたのを機に、英国人レフェリー、ケン・アストンが考案したとされています。観衆やテレビ視聴者にもわかりやすく判定を伝えるため、アストンが運転中に目にした信号機の色を参考にして黄色と赤色のカードが導入されたそうです。

この2種に比べて、あまりなじみがないカードがU-12（12歳以下）で導入されている「グリーンカード」でしょう。これはジュニア年代の選手が良いプレー、フェアプレーについて学ぶために出されるカードです。

ポイント！ 黄色は注意！ 赤は止まれ！
信号から生まれたイエロー、レッドカード

カードは円滑な試合運営をサポートする

イエローカードやレッドカードはレフェリーが試合をスムーズに運ぶためのサポートをするものです。ですから、選手に言うことを聞かせるためにカードをちらつかせたり、感情的にカードを乱発するような使用は認められていません。

サッカーの試合はときおり試合に至る背景やゲーム展開によって双方が感情的になり、荒れた内容になってしまうこともあります。そうした雰囲気を事前に察知して、ルール運用の基準を明確に示すために、行きすぎたプレーにはしかるべきカードを提示し、選手を落ち着かせるのが本来の目的です。

イエローカード、レッドカードは105ミリ×75ミリ。主審はこのカードを携行するが、12歳以下の試合ではこれにグリーンカードが加わる。カードの裏に貼って、記録用のメモができるシールなども販売されている

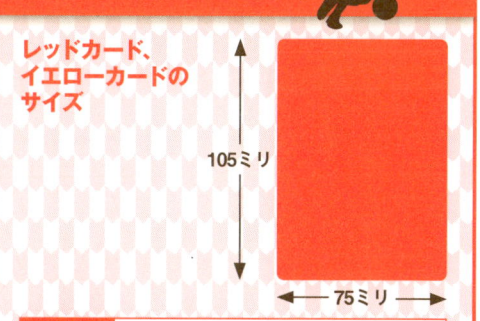

レッドカード、イエローカードのサイズ
105ミリ × 75ミリ

イエローカード（警告）となるもの	・反スポーツ的行為を犯す ・言葉または行動によって異議を示す ・繰り返し競技規則に違反する ・プレーの再開を遅らせる ・CK、FKでプレーを再開するとき、規定の距離を守らない ・主審の承認を得ずにフィールドに入る、または復帰する ・主審の承認を得ずに意図的にフィールドから離れる
レッドカード（退場）となるもの	・著しく危険なプレー ・乱暴な行為 ・つばを吐く ・決定的な場面における意図的に手を使っての得点機会阻止 ・FK、PKに相当する反則での得点機会阻止 ・侮辱行為 ・同一試合中にイエローカードを2回受けた場合
グリーンカード※フェアプレー精神を発揮した選手に対して示すもの	・頑張った証 ・負傷選手への対応 ・規則準拠に対する自己申告 ・問題行動への抑止行動 ・チームに対する試合への取り組み

CHECK! 一緒に覚えたい関連用語

バニシングスプレー　FKで活躍する新ツール

2014年にブラジルで行われたワールドカップは記憶に新しいところですが、この大会で新たに導入されたのがバニシングスプレーです。守備側の選手はFK時に10ヤード（約9.15メートル）以上離れなければいけないのですが、この距離がなかなか守られません。そこで、一定の時間をおくと消える泡状のスプレーを使ってレフェリーが離れるべき距離を明示できるようにしたのです。元々南米では導入済みのものでしたが、本大会以降、距離が視覚化できるわかりやすさが好評で各国リーグでの導入が進んでいます。

初級編 19 Beginner

コーディネーション

体の使い方を司る「運動神経」の正体ともいえる能力

サッカーに限らず、あらゆるスポーツのトレーニングが部分的に体を鍛えるのではなく、全身をバランス良く鍛え、総合的な体の使い方を学ぶ方向にシフトしています。「サッカー選手だから足だけを鍛えればいい」といって、ジムのマシンに向かうだけのアプローチはすでに過去のものになっています。

体を総合的に鍛えるのに活用されているのがコーディネーションと呼ばれる体の「調整力」を高めるトレーニングです。コーディネーションとはフアッション用語で使われるのと同じように、全体のバランス、調和などの意味を持っています。

コーディネーショントレーニングといった場合には、筋力強化などを目的としたものではなく、感覚神経を刺激する体の動かし方、体の連動性を高めるトレーニングを指します。音楽と運動を組み合わせて行う、子供に人気のリトミック体操や、ラダーと呼ばれるはしご状の器具でステップを踏むラダートレーニングも、さまざまな情報で感覚神経を刺激し、動き作りにつなげるコーディネーショントレーニングの一種です。

「運動神経がない」という言葉を聞きますが、当然ながら運動神経がない人はいません。運動を司る神経に刺激を与え、回路をつなぎ、鍛えることでコーディネーション能力が高まるのです。

ポイント！ サッカーに必要な能力をコーディネートする力

コーディネーションの七つの能力

コーディネーションの能力は、リズム能力、バランス能力、変換能力、反応能力、連結能力、定位能力、識別能力の七つに分けられます。これらを効果的に鍛えて、運動神経の発達を促すのがコーディネーショントレーニングです。

リズム能力を養うためには音楽に合わせて体を動かすダンスが役立ちますし、バランス能力は簡単な動作でできる遊び感覚のアクティビティーが有効です。このようにコーディネーション能力は子供の遊びに近い動作の組み合わせで鍛えられるのです。

こうした能力は「ゴールデンエイジ」と呼ばれ、身体動作が即座に習得できる12歳までの時期に鍛えることが望ましいとされています。子供たちにはサッカーだけでなくさまざまなスポーツや動きを経験させてあげることが必要です。

上図：2個のボールを使ったアクティビティー。上に投げる動きとワンバウンドさせる動きを交互に組み合わせて、向き合う相手にパスをする
下図：全身を効率良く使うための動き。四つん這いになって、10mほど進み、一番速く進める体の動かし方を探る

調整力　行動するための機能を制御

CHECK! 一緒に覚えたい関連用語

スポーツの専門分野では、平衡性、敏捷性、協応性、巧緻性を合わせたものを「調整力」と呼んでいます。これは、コーディネーションの七つの能力と同じように体の運動能力を指します。例えばメッシのような飛び抜けたドリブル能力を身につけた選手の動きは、単に足が速い、筋力が強いといった個別の評価ではなく、全体の能力をマネージメントして調整する力が高いと考えます。単なる筋力アップではなく、上半身、下半身のバランスを整え、体の左右差を埋めるトレーニングを行ってこそパフォーマンスがアップするのです。

初級編 20 Beginner

メンタル

心を整えて最高のパフォーマンスを引き出す

　試合で最高のパフォーマンスを発揮するためには、精神の充実は欠かせません。2014年のブラジルワールドカップで1分2敗、グループリーグ敗退に終わった日本代表の敗因にメンタルを挙げる声も多く聞かれました。

　心、精神、知性という意味を持つメンタルは、日本のスポーツ界では長らく曖昧な使われ方をされてきました。これまでは「あの選手はメンタルが弱い」といえば、精神的に弱い、肝心の場面でビビってしまうなど、個人の性格に集約され、抽象論で片づけられがちでした。しかし、欧米のメンタルトレーニングやスポーツ心理学の考え方が取り入れられるようになって、メンタルは「コントロールするもの」「トレーニングによって鍛えるもの」という概念が一般的になりました。

　身体的なトレーニングを重ねるのと同じように、実戦で起こり得る事態に対処するスキルや理論を学び、ストレスやプレッシャーを受けた状態でも最高のパフォーマンスを発揮できるようにするのが、メンタルトレーニングです。

　一流選手が大舞台で見せる「気持ちの入ったプレー」や「戦う姿勢」は、個人の性格や性分によるものではなく、普段からさまざまな状況を想定して、トレーニングを積んだ成果であり、心を整えている選手にしかできないことなのです。

ポイント！
メンタルはトレーニングで鍛えられる
本来の力を引き出す精神力

日々取り組めるメンタルトレーニング

　メンタルの強化方法はきちんとした理論に基づいて行われるべきですが、右図のようなドリブルのスラローム練習でも、コーンをただの障害物として見るか、隙あらば足を出すDFに見立てるかで練習効果に差が出ます。想定される状況に対し事前に準備しておくことをメンタルリハーサルといいますが、普段の技術練習もメンタルトレーニングに活用できるのです。

　メンタルトレーニングの第一歩は自分がどういうときに精神的に追い込まれるのかを把握することです。ミスをした後に引きずる傾向があるなら、不安をあえて口に出したり（セルフトーク）、仕切り直すための手法を用意しておいたりすると意識的に気持ちがリセットできるようになります。

上図：コーンをボールを奪いにくるDFだとイメージしてドリブルする
下図：嫌な流れになったら靴ひもを結び直すなどリセットするためのスイッチを作っておく

スポーツ心理学　競技特性を把握しサポート

CHECK! 一緒に覚えたい関連用語

　スポーツ心理学は、スポーツを心の面から研究する学問分野のことをいいます。スポーツ心理学は行動の裏づけをする理論でメンタルトレーニングはそれを実現するための方法論の一つという関係にあります。トップアスリートの競技力向上を目的としたものばかりではなく、スポーツ心理学はレクリエーションや健康増進のためのスポーツなども研究範囲にしています。

　近年は個人のメンタル強化だけでなくチーム全体をまとめるチーム作りの方法やリーダーシップを学ぶ分野にも注目が集まっています。

初級編 21 Beginner

コーチング

サッカーに求められるコミュニケーションの基本

指導者が選手を指導することもコーチングといいますが、ここで取り上げるのはサッカーの試合中にピッチ内、もしくはベンチからかけられる声による指示やアドバイス…つまり、「選手間のコーチング」についてです。

めまぐるしく動くボール、相手選手との距離や位置、残り時間や得点差。さまざまな状況で思考を巡らせ、決断を下しながらプレーするサッカーはいわば「判断のスポーツ」です。

「マーク来てるよ！」「フリー！」など、ボールの受け手からは見えない状況を知らせたり、パスを要求するこの声をコーチングと呼びます。11人の選手が常に連係し、動きながら戦うサッカーでは、選手同士のコーチングが判断の大きな支えになるため、選手間のコミュニケーション力を高めることが重要です。元日本代表ハンス・オフト監督が日本に持ち込んだ「アイコンタクト」もコミュニケーションの一種ですが、声によるコーチングはそれよりも直接的で、効果の高いものといえます。

日本のジュニアサッカーなどでは、コーチや保護者が大声で「コーチング」する姿を目にしますが、ピッチ外の大人が選手を操る行為はオーバーコーチングになり得ます。選手間に自発的な指示の声が飛び交う文化がゲームの理解度、サッカーインテリジェンスを鍛えるのです。

ポイント！ 味方の声は最高のサポート
状況判断は全方位で！

見えない位置からのサポート

　正しく状況判断を行うためには味方や相手のポジショニングを把握することが不可欠です。優れた選手は絶えず首を振り、視野を広くしてピッチの状況を分析しますが、違う角度で視野を確保できている味方の指示の方が的確な場合もあります。

　日本では「高いレベルの選手は声を出さなくてもプレーできる」と誤解されていた時期もありますが、自分の意図を伝えたり、味方に状況を知らせる声を出し合うことは世界の常識。こうしたコミュニケーションがとれるかどうかは、海外選手にもひけをとらずに活躍するための必須条件と言っていいほどです。

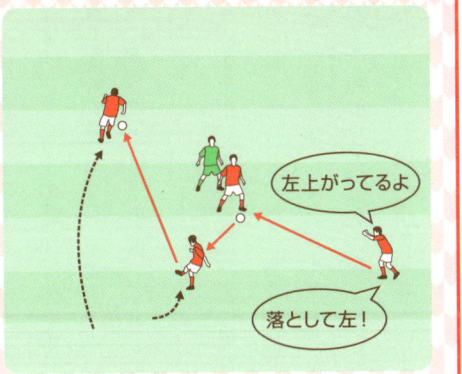

「左上がってるよ」
「落として左！」

見えない場所の状況を知らせる味方の声は神の手ならぬ「神の声」。ポスト役にはオーバーラップした選手が見えていなくても、周囲のコーチングによって、連動したパス交換が引き出せる

CHECK! 一緒に覚えたい関連用語

キャプテンシー　チームをまとめ上げる統率力

　優れたチームには優れたリーダーがいるものです。監督の指揮はもちろんですが、ゲーム中に重要な役割を果たすのはピッチ上のリーダーの存在です。味方を鼓舞し、チームの士気を高める能力は、サッカーの才能以上に必要とされる場合があります。

　強烈なカリスマで人を引きつけるタイプ、実直さで引っ張るタイプなど、さまざまなタイプのキャプテンシーがありますが「キャプテン」はあくまでも名称。キャプテンになったからといってキャプテンシーが発揮できるというわけではないのです。

キャプテンシーが必要なポジションといえばGK。最後尾からピッチ全体を見渡し、適切なコーチングを行いたい。GKの「声の大きさ」は、チームにとって心強い武器

初級編 22 Beginner

タックル（スライディングタックル）

クリーンなディフェンスは正当なタックルから

プレー中に相手とボールを奪い合う手段はたくさんありますが、1対1の場面で体を寄せてスペースを確保しようとするプレーをチャージといいます。同様にタックルは足を使ってボールを奪いに行く方法のことです。ラグビーやアメリカンフットボールのように、ボール保持者に飛びかかって前進を止めるタックルはサッカーでは禁止されています。また肩を使ったショルダーチャージがショルダータックルと表現されることもありますが、厳密に言えばこれは誤用とされています。足でボールを奪いに行くとなかなかイメージが湧きませんが、ほとんどの場合は相手のボールに向かって滑りながらボールを奪いに行くスライディングタックルになります。タックル＝スライディングタックルと覚えても間違いではないでしょう。

スライディングタックルは体を投げ出すように行うため、ディフェンスの最終手段と言われています。失敗したときにとり残されるリスクがあるタックルをする前に正当なチャージでボールを奪うべきとの考え方が主流ですが、危機的な状況でのボール奪取にタックルが効果的であるのは間違いではありません。正当なタックルは技術的にも高度ですがファウルを避ける意味でも練習しておかなければいけない守備技術です。

ポイント！
タックル＝スライディングタックル
身につけておくべき守備技術

タックル技術の向上が危険を減らす？

　日本では育成年代でタックルのやり方を積極的に教える機会は多くありません。

　指導者からは「最終手段を初めから教えたくない」「ケガを負わせる可能性がある」などの理由が挙がるのですが、相手に抜かれ、守備手段を失ったＤＦが、いままで練習したことのないタックルを試みる危険性も考えなくてはいけません。

　芝生のグラウンドが少ないなどの問題もありますが、正しいタックルを身につけることが、ディフェンス技術の向上やクリーンなプレーにつながります。

選手を守る観点から後方からのタックルは反則となる。また、足裏を見せて行う、足をなぎ払うタックルも禁止されている

CHECK! 一緒に覚えたい関連用語

チャージ　サッカーの基本的ディフェンス法

　ディフェンスのアプローチに行くことを「プレッシャーをかける」「チェックに行く」、追いかけることを「チェイシング」といいますが、これらの手段で相手に近づき、ボールを奪う際の技術をチャージといいます。

　ボールを保持している選手に対して肩や体を使って接触するチャージは、正当な守備方法として認められています。手を使って体を入れようとしたり、後ろから当たっていった場合はファウルをとられます。

上図：肩と肩を適度にぶつけて体を入れ替えようする行為は正当なプレー
下図：後ろから体を当てに行く行為はファウルとなる

初級編 23 Beginner

擦らす・擦らせる

方向をほんの少し変えるヘディングテクニック

擦らす、擦らせるという言葉も、サッカー以外ではなかなか耳にしない用語の一つです。擦るという漢字は「する」という読み方もありますが、文法的には擦らす、擦らせるが使役の形になるため、ボールと選手の関係を考えるとやや怪しい表現に聞こえます。語感の問題もありますが、サッカー中継では、側面から飛んできたボールの方向をほとんど変えずに、こするように流すことを「する」「すらせる」と言います。CKやFKの際に使われ、ニアの選手がファー側にボールを流すプレーは定番と言っていいパターンです。

> **ポイント！** 後方に流すヘディング

ポイントは当たりの"厚さ"

独特な表現はまだあります。擦らすヘディングのコツは、なるべくボールに「薄く」当てることです。クロスからヘディングシュートを狙う場合は、ボールの進行方向を変えるため「厚く」当てます。ヘディングの際のボールと頭の接触時間を厚さで表現しているわけです。

例えば実況中継で「ファーに擦らそうとしたのが、少し厚く当たりすぎましたね」のように使われます。サッカー独自の言い回し、用語がわかるとプレーがさらに楽しめます。

ボールの軌道を変えたいときは薄く当てて、ゴールを狙うときは厚く当てよう。状況によって使い分けることが大切だ

セレソン

初級編 24 Beginner

ポルトガル語で選抜の意 国の威信をかけて戦う国家代表

セレソンはポルトガル語で「選抜」を意味します。英語のセレクションに当たる言葉です。日本ではセレソンといえば、ブラジル代表に限定することが多いのですが、本来は国家代表チームのことをセレソンと呼びます。

つまり、ポルトガル語では他の国の代表もセレソンと呼び、特にブラジル代表を強調する場合はセレソン・ブラジレイラと言います。もちろん日本と同様に世界でも「セレソン」という言葉からは世界最強のカナリア軍団、ブラジル代表を思い浮かべる人が多いのは事実です。

ポイント！ 特別な意味を持つ"セレソン"

CHECK! 一緒に覚えたい関連用語

アズーリ　伝統の「青」、イタリア代表の別称

ブラジルやポルトガルをはじめとするポルトガル語圏の国々では代表チームをセレソンと言います。世界中の代表チームには、その他さまざまな別名、愛称があります。有名なのはイタリアのアズーリ。ユニフォームの色からイタリア語で空の青を意味する「アズーリ」と呼ばれています。フランス代表は「レ・ブルー」、ドイツ代表はチームを意味する「マンシャフト」。我らが日本代表は監督名＋ジャパンで呼ばれることも多いのですが、正式な愛称は「サムライブルー」となっています。

面白いのがアフリカのチームの愛称です。カメルーンは「不屈のライオン」、ナイジェリアは「スーパーイーグルス」、コートジボワールは「エレファンツ」と動物の名前を冠したものが多いのです。南アフリカの「バファナバファナ（少年たちの意）」、ガーナの「ブラックスターズ」などの例外もありますが、アフリカのチームは総じて動物の名前を代表チームの愛称として多く用いています。

選手やその国のサッカーファンが国家代表チームを愛称で呼ぶとき、その響きには単にサッカー競技の代表選手というだけでなく、代表への誇り、愛着、忠誠心を含んでいるのです。

知って得するサッカーコラム **選手編**

常識を塗り換えた
サッカーの王様

　サッカー史上、多くの天才が登場しましたが、逸話と伝説に彩られた選手たちの中で、初めて世界的に認知された選手が、エドソン・アランチス・ドゥ・ナシメントを本名とするサッカーの王様ペレでしょう。

　ペレ以前にも初代バロンドール（当時は欧州最優秀選手）にして「マシューズ・フェイント」を生んだドリブルの名手、スタンリー・マシューズや、リーベルプレートで南米制覇、欧州でも5連覇の偉業を成し遂げた「ブロンドの矢」アルフレッド・ディ・ステファノ、「マジック・マジャール」と呼ばれハンガリーを率いたフェレンツ・プスカシュ等々、多くのレジェンドがいましたが、ワールドカップという世界大会と、テレビ中継によって世界中の人々に知られるようになったペレは、神話から歴史へと時代を移したサッカー界の最初のスター選手です。

　ペレは15歳でプロデビューを飾ると、天性の得点感覚を披露。若くしてブラジルの名門・サントスFCの伝説となります。1958年、62年、66年、70年と4回のワールドカップに出場。中でも58年大会で17歳のペレが見せた「シャペウ（ボールをはね上げ相手の頭越しに抜く技）」は史上に残る名ゴールの一つです。この大会を機にペレのつけた背番号10がサッカーにおけるエースナンバーとして定着しました。ペレはそれまでの常識を覆し、現在につながる新たな常識を自ら築き上げた選手です。

01
ペレ
（ブラジル）
Pelé

02 マラドーナ（アルゼンチン）
Diego Armando Maradona

世界が驚がくした不世出の超天才

　サッカー史を彩った名選手を知ることは、サッカーそのものを深く知ることに似ています。歴史の中には、時にサッカーのプレーそのものの概念を変えてしまうような超天才が出現してきました。ディエゴ・アルマンド・マラドーナはその中でも突出した存在です。「王様ペレか？　神様マラドーナか？」。サッカー史上最高の選手として必ず名前が挙がる2人ですが、観る者を魅了するマラドーナのテクニックが圧倒的なことはペレ信者にも異論のないところです。

　86年ワールドカップ（メキシコ）の「伝説の5人抜き」、そして「神の手」と呼ばれる手を使ったゴール。1試合で二つの伝説を創り上げてしまうのもマラドーナの真骨頂。自らのキャリアを汚す薬物スキャンダルなどもありますが、一方で人間的な魅力に溢れた彼を愛するサッカーファンは世界中にたくさんいます。

　超絶的な技巧を持ち、左足一本でゲームを決めてしまう人知を超えたマラドーナの出現は、図らずもサッカーの戦術の進化に大きな貢献をします。現代サッカーに大きな影響を与えたサッキが率いたミランのプレッシングディフェンスは、セリエA、ナポリで猛威をふるったマラドーナを封じるために開発されたものです。86年のローター・マテウス、90年のドラガン・ストイコビッチなどワールドカップでマラドーナをマークした選手が名前を上げるのも彼の別格ぶりをもの語る逸話です。

知って得するサッカーコラム 選手編

リベロで起こした革命
ピッチを支配する「皇帝」

03
ベッケンバウアー
（西ドイツ＝現ドイツ）

Franz Anton Beckenbauer

　ベッケンバウアーも「常識の破壊者」の1人です。ユーティリティーという言葉を超越したプレーヤーとしての完成度を持ち、およそサッカー選手に必要な能力をすべて持ち合わせていたと言っても過言ではありません。

　さまざまなポジションで活躍したベッケンバウアーですが、彼の代名詞といえば「リベロ」でしょう。最終ライン、CBの位置からリベロ（自由）の名前の表す通り、時に爆発的なオーバーラップを仕掛け、時に中盤でボールをコントロール。リベロはそれまでに存在したスイーパーとはまったく異なり、現代サッカーのCBとボランチを足して2で割り得点力を加えたようなベッケンバウアー独自の創造物です。

　あまりに多くの能力を必要とするため、マテウス、ザマーなど一部のドイツ選手を除いて後継者は現れていませんが、リベロシステムには非常に現代的なコンセプトが息づいています。

　ベッケンバウアーは「名選手、名監督にあらず」の言葉を覆し、監督としても86年ワールドカップで優勝を遂げています。選手と監督での本大会制覇は、ブラジルのマリオ・ザガロと彼の2人だけ。リベロシステムは天賦の技術と、超一流の戦術眼が支えていたことを引退後の実績で証明しました。新たなポジションで革命を起こしたベッケンバウアーは選手、監督の双方で「皇帝」としてサッカー界に君臨したのです。

04 ミシェル・プラティニ
（フランス）
Michel Platini

抗議もモダンなフランスの「将軍」

　フランスサッカー史のレジェンドの1人が「将軍」プラティニです。現在は欧州サッカー連盟(UEFA)会長としても知られますが、現役時代はエスプリ漂う長短のパスと正確なFKを武器に活躍。バロンドールに三度輝く80年代を代表する選手です。日本ではトヨタカップで見せた「幻のゴール」が有名。ＣＫのこぼれ球を胸で受け、右足で浮かせ、左足でボレー。この超美技がオフサイドで取り消された際のピッチに寝そべり異議を唱える姿はいまも語り種になっています。

05 ジネディーヌ・ジダン
（フランス）
Zinedine Yazid Zidane

卓越した技で見せた最後の司令塔

　極限まで狭められた中盤のスペースを卓越したボールコントロールで生き抜いた最後の「ボールプレーヤー」がジダンです。98年、自国開催のワールドカップで母国を見事優勝に導き、ＥＵＲＯも制覇。フランスの黄金期を築くと共に、レアル・マドリード在籍時には、チャンピオンズリーグで伝説となった「ザ・ボレー」を左足で決め、主要タイトルをすべて手にしました。
　マルセイユルーレット、懐の深いキープなど象徴的なプレーで中盤を制しました。

知って得するサッカーコラム 選手編

優雅なタッチとFK
創造性溢れる「ファンタジスタ」

06
ロベルト・バッジョ
（イタリア）
Roberto Baggio

　90年代のイタリアを代表する「ファンタジスタ」として誰もが認めるのが、ロベルト・バッジョです。柔らかいボールタッチに、ピッチの時間を止めるスルーパス。そして、ファンタジスタに不可欠ともいえる魔法のようなFK。かつてはリベリーノ、ジーコらブラジル勢の独壇場だったテクニカルなキックで正確にコントロールされたバッジョのFKは多くのファンタジーを生み出しました。ユベントスの司令塔も担ったバッジョは、後継者のデルピエーロをはじめ、いまはレジスタとしてピッチを指揮するピルロなど後のプレーヤーにも多くの影響を与えました。ちなみに元祖ファンタジスタとされているのは、母国のカテナチオスタイルを拒否し、異質の輝きを放った60年代のスター、ジャンニ・リベラです。リベラの活躍でイタリアサッカーに創造性がプラスされたことは間違いありません。

　幻想的な弧を描くFKといえば、日本が誇る中村俊輔も忘れてはいけません。2人の直接対決はバッジョがブレシア、俊輔がレッジーナ在籍時代に実現していますが、このときは俊輔がゴール右隅に見事なFKを決めています。

　当時のスター選手が集結し、世界最高峰リーグとされた90年代のセリエAにおいても異次元の活躍を見せたバッジョは、日本での司令塔ブーム、ＦＫ職人の増殖に一役買いました。多くのフォロワーを生むことも偉大な選手の必要条件と言えます。

07 ロナウド
（ブラジル）
Ronaldo Luís Nazário de Lima

すべてが規格外の「フェノメノ」

「フェノメノ（怪物）」の愛称の通り、スピード、テクニック、強さ、すべてが規格外。超高速ドリブルでDFをはね飛ばし、トップスピードのまま方向転換。繊細なタッチで相手を抜き去るロナウドは史上最高級のストライカーです。98年ワールドカップではMVP、02年は得点王に輝き、セレソンでの通算62得点はペレに次ぐ記録です。右ひざの故障さえなければ、サッカーの歴史をさらに大きく塗り変える可能性を持ったズバ抜けたプレーを見せる選手でした。

08 ロナウジーニョ
（ブラジル）
Ronaldinho

テクニックで圧倒する「マジコ」

02年のワールドカップでリバウド、ロナウドと共にブラジルの3R（頭文字のR）と呼ばれたロナウジーニョ・ガウーショは、ステップワークやリフティングを含めたボール扱いにかけては人類最高の能力の持ち主です。触れただけでボールに命を吹き込む「マジコ（魔法使い）」のようなフェイントは、スローで見ても分析困難。左サイドでボールを持った彼を止めることは不可能でした。独創性を持ち、そして笑顔でプレーする姿は多くのファンを魅了しました。

知って得するサッカーコラム　選手編

09 リオネル・メッシ（アルゼンチン）
Lionel Andrés Messi

神童から伝説へ 現代サッカーの奇跡

　メッシは、ファンタジーの入り込む隙がなくなったといわれて久しい現代サッカーにおいて、個としての影響をピッチ全体に与えることのできる奇跡的な存在です。

　しきりに比較されるアルゼンチンの大先輩マラドーナでさえも、メッシほど組織的なプレッシングを受けた経験はないでしょう。かつてレジェンドたちが活躍した頃に比べてサッカーのプレーエリアはより狭く、よりせわしなくなっています。時代や環境が違う選手を比べること自体ナンセンスですが、控えめにいっても4度のバロンドール受賞が妥当な選手であることは疑いようがありません。

　高速ドリブルを武器にメッシとはまた違った才能を見せるC・ロナウドも名代な選手であることは間違いありません。個人タイトルではメッシの後塵を拝すことが多く、本人も比較論にうんざりでしょうが、メッシやC・ロナウドが常に「最強選手」として比較対象になるのは、当代きってのスーパースターである宿命です。

　圧倒的なドリブル突破力、ゴール前でのクリティカルなパス、キープ力や抜群の得点力を併せ持つメッシは、過去の偉大な選手たちと同じくポジションにとらわれない才能を持つ万能選手です。アイマール、リケルメ、テベス、ダレッサンドロそして1歳違いのアグエロ。ポスト・マラドーナがひしめく中でも一際輝くメッシに足りないのはワールドカップのトロフィーだけです。

10 ウェイン・ルーニー
（イングランド）
Wayne Mark Rooney

新しさとクラシックの両立

　02年、16歳でプレミアリーグにデビューしたルーニーは瞬く間にエヴァートンのエースに。最年少記録を次々に塗り替え、04年にマンチェスター・ユナイテッドに移籍すると、リーグ連覇、チャンピオンズリーグ優勝に貢献します。ゴールセンスとチャンスメイクのうまさで現代的なサッカーにも対応するルーニーは、時折見せる悪童的振る舞いも相まって人気を獲得しています。新しさと古き良きイングランドの香りを感じさせる選手です。

11 ネイマール
（ブラジル）
Neymar da Silva Santos Júnior

進化し続ける若き宝石

　ブラジルの正当な10番継承者がネイマール・ジュニオールです。十代にして世界中から注目を集める選手だったネイマールは順調に成長。18歳でブラジル代表に選出されると、初戦で初ゴールを記録しました。14年ワールドカップでは22歳で主将を務め、母国の期待を一身に背負いますが、準々決勝でキャリアを左右するような大けがを負い、幕を閉じました。ブラジルの王位継承者として、王国復活のための活躍が期待されています。

知って得するサッカーコラム 選手編

圧倒的な存在感で
チームを支える真のリーダー

12
オリバー・カーン
（ドイツ）
Oliver Rolf Kahn

　ドイツの守護神と言えば、02年ワールドカップでGKとして初めて大会MVPに選出されたオリバー・カーン。抜群のキャプテンシーは健在で現在もオピニオンリーダーとしてドイツ国内外に大きな影響力を持っています。

　チームがピンチにならないと活躍の場がないGKは皮肉なポジションです。世界最高の選手を選出するバロンドールでもＧＫの受賞は1963年の「黒蜘蛛」レフ・ヤシン（旧ソ連）の1人だけです。偉大なGKの系譜はカーンの先達、ゼップ・マイヤー、ハラルト・シュマッハーのドイツ勢やゴードン・バンクス、ピーター・シルトンのイングランド勢、イタリアのディノ・ゾフ、そしてデンマークの誇る守護神ピーター・シュマイケルなどに引き継がれてきました。近年ではオランダ代表で活躍したファン・デル・サールやイタリアのブッフォン、そしてワールドカップ・ブラジル大会での活躍も記憶に新しいドイツのノイアーなど、GKにもパス技術の高い選手が求められるようになり、最終ラインでのリベロ的な役割も果たすようになりました。

　GKの資質は俊敏性や瞬発力、セービング、キック、足下の技術などさまざまですが、カーンが歴代のレジェンドたちに負けなかった点は、最後尾からチームを叱咤し、DFに安定感をもたらす圧倒的な存在感にあります。

世界の戦術・理論がわかる！
最新サッカー用語大辞典

中級編
Advanced

CONTENTS

25 ギャップ
関連用語 門

26 ラインコントロール
関連用語 フラット3

27 シミュレーション
関連用語 ダイブ

28 ボランチ
関連用語 フィルター

29 トップ下
関連用語 ファンタジスタ、クラッキ

30 ショートカウンター
関連用語 トランジション

31 ポゼッション
関連用語 ボール支配率

32 アタッキングサード
関連用語 バイタルエリア

33 ビルドアップ
関連用語 オーガナイズ

34 プルアウェイ
関連用語 プッシュアウェイ

35 リトリート
関連用語 フォアチェック

36 ボディーシェイプ
関連用語 アングル

37 ディレイ
関連用語 守備ブロック

38 トライアングル
関連用語 12トライアングル

39 体幹トレーニング
関連用語 コア

40 アジリティー
関連用語 スピード・アジリティー・クイックネス

41 オープンスペース
関連用語 ブラインドサイド

中級編 25 Advanced

ギャップ

DFとDFの間に生じる隙間
ギャップはディフェンスの急所

　守備をする選手と選手の間にできるスペースのことをギャップといいます。例えば相手のDFラインが4人で構成されているならばそれぞれのDF間で合計三つの間隔が空くことになります。
　この隙間に入り込んでボールを受けることを「ギャップで受ける」「ギャップを突く」と表現します。特に攻撃参加が求められるSBとCBの間には横だけでなく、縦方向のギャップも生じるため、攻撃側の選手はこのギャップをうまく使い、守備の陣形を乱していくのです。ゾーンディフェンスが主流の現代サッカーでは、このギャップを突く動

きが、重要な攻めの一つになります。CB同士のギャップをうまく突けば即シュートチャンスとなり、サイドのギャップを突けば中央のDFがスライドしてくるため、クロスを上げた際のチャンスが広がります。
　ディフェンス目線で見ると、できるだけコンパクトなゾーンで守り、ギャップを作らない守備も大切ですが、ギャップができることを大前提として、いかに意識してカバーし合えるかが問われます。攻撃側から狙われそうなギャップがある場合は、DFラインの選手たちがお互いの距離やカバーリングの意識を強めるだけでなく、中盤の選手もボールホルダーに対してプレッシャーをかけ、ギャップを狙うパスコースを切ることが大切です。

ポイント！ ギャップに入り込んで攻める
DFの間をうまく使え！

ギャップとライン間

近年、特によく耳にするようになった「ギャップ」はＤＦ同士、ＭＦ同士の隙間を指しています。

右図のようにFWがDFのギャップを突いてパスを受けると、DFはどちらがマークにつくか迷い、隙が生じます。このワンテンポの遅れが大きなチャンスにつながります。

図の例では、ボールを受ける選手はＭＦ間のギャップを突く位置にフリーランニングを行い、さらにMFとDFの間のスペースでボールを受けています。このようにMFとDFのラインの間にできたスペースを使ってパスを受けることを「ライン間でボールを受ける」とも言います。

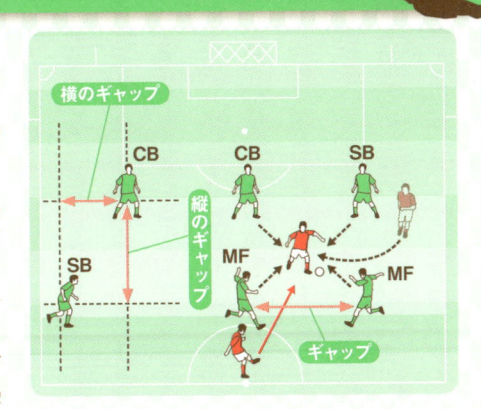

ボールホルダーからＭＦのギャップを突いてＦＷにパスが出る。ＦＷはMFとＤＦのライン間のスペースも意識してパスを受けている

CHECK! 一緒に覚えたい関連用語

門　スルーパスを通す絶好のゲート

ギャップは比較的新しい言葉で、日本ではＤＦ同士の隙間、間のスペースを「門」と言っていました。

最近ではすっかりギャップという言葉にとって変わられていますが、「門」という用語は一昔前までは実況や解説にも頻繁に出てくる言葉の一つでした。

サッカーは時代と共にプレーやそれを表現する言葉も変わっていくスポーツです。たしかに門といった場合には、ギャップよりももう少し狭義となる「スルーパスを通すDFとDFの間」といったニュアンスが強くなります。

中盤でフリーでボールを持った選手が相手FWの動き出しを見ながら絶妙なスルーパスを出す。ボールを待ち構えていたはずのCB2人が懸命に足を出しても、ボールは2人の間をすり抜けていく。こんなシーンで、「うまく門を通しましたね」「DFが門になってしまいました」という使われ方をしていました。

ゾーンでの守備やオフサイドの意識からすれば、相手が侵入しづらいようにDFラインはそろえていた方が良いのですが、ボールホルダーの正面で2人のDFが横に同一線上に立っていては、「ここを通してください」と言っているようなものです。

DFは緊密に連係できる距離を保って、スルーパスの通り道になり得るゲートは、なるべく狭くしたいものです。

中級編 26 Advanced

ラインコントロール

守備陣が連携して形成
ラインの上げ下げは攻守にメリット

ピッチ後方に位置する複数のDFをつなぐ仮想の線をDFラインといい、このラインがきれいに一列に並ぶといくつかの効果があります。一つはオフサイドをとりやすいことです。タイミングを見計らいDFラインを押し上げて相手選手をオフサイドの位置に置き去る戦術をオフサイドトラップといい、ラインがそろっていれば、DFのリーダーが統率（コントロール）しやすくなります。

近年重要度を増してきているラインコントロールのもう一つの効果に、ラインを上げ、プレーエリアをコンパクトに保つことがあります。こうすることで、中盤での守備のプレッシャーがかかりやすくなり、MFとDFの2ラインでボールホルダーを囲い込んでボールを奪う守備が可能になります。また、DFラインを押し上げることで選手間の距離が近づき、ビルドアップや前線のパス回しなどにDFの参加が容易となり攻撃面でのメリットも生まれます。

オフサイドトラップを仕掛けるにしても、プレーエリアをコンパクトに限定するにしても、闇雲にラインを上げるだけでは、背後に広大なスペースを残すことになり、大きなリスクを背負います。ラインの上げ下げは相手との駆け引きですから、DFラインに入るすべての選手の共通理解の下、臨機応変に判断しなくてはいけません。

ポイント！ DFラインの適切な上下は
モダンサッカーの生命線

DFに求められるインテリジェンス

　ラインコントロールを行うのは統率力に長けたDFリーダー。以前はピッチの中央にいるCBがあえて最後尾に構え、ラインコントロールを一手に引き受けていました。しかし、近年ではオフサイドルールの変更などによってオフサイドトラップを積極的に仕掛ける戦術のリスクが高まってしまったため、DFラインに属する選手全員で、ラインコントロールの判断を瞬時に下さなければいけなくなっています。

　DFリーダーのインテリジェンスは、オフサイドトラップよりも、攻撃時にラインを押し上げるタイミング、ラインの高さ設定などに発揮されるようになっています。

DFをつなぐラインがデコボコだとオフサイドをとりづらい

オフサイドラインを意識して指示を出しながら上げ下げする

守備時のDFラインはできるだけフラットに。上図のように縦にギャップがあると、その間でボールを受けられてしまう。下図のようにDFラインがそろっていれば、ラインをコントロールして、オフサイドトラップを仕掛けやすい

CHECK! 一緒に覚えたい関連用語

フラット3
ルール改正による変化

　かつてトルシエ監督時代の日本代表が採用していたフラット3は、スイーパーをおかず、3人のDFが常に高いラインを保つ戦術でした。2005年、13年のルール改正以降、オフサイドトラップのリスクが高まり、こうした戦術は姿を消しつつあります。

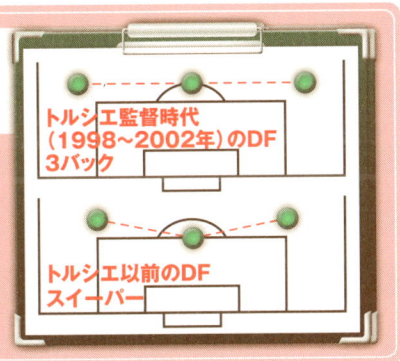

トルシエ監督時代（1998～2002年）のDF　3バック

トルシエ以前のDF　スイーパー

中級編 27 Advanced

シミュレーション

ファウルをされたふりをしてレフェリーを欺こうとする行為

ペナルティーエリアにドリブルで切れ込んだ選手が、ファウルを受けてもいないのに大げさに倒れ込む。PKを得るためにレフェリーを欺こうとするこうした行為はシミュレーションと呼ばれ、近年、厳しくジャッジされるようになりました。

日本サッカー協会が頒布するルール運用のための教本『競技規則の解釈と審判員のためのガイドライン』には、「反スポーツ的行為に対する警告」として、「負傷を装って、またファウルをされたふりをして（シミュレーション）、主審を騙そうとする」ことが禁止事項の一つになっています。

サッカーは、身体的接触（フィジカルコンタクト）を伴うスポーツです。レフェリーは客観的判断に基づいて、意図的に審判の目を欺くプレーかファウルかを判断しますが、フェアなプレーが横行しては、サッカーの大前提であるレフェリーと選手の信頼関係が成立しません。

特に得点に直結するペナルティーエリア内でのシミュレーションは、試合の勝敗を左右するだけにピッチ外でもさまざまなトラブルに発展しかねません。

別の項で説明するように、こうしたオーバーリアクションは、かつては選手たちの自衛の手段ともいえるものでしたが、現在では場所や状況にかかわらずシミュレーションは厳正に処分されます。

ポイント！ 審判を欺く行為には厳罰
演技に厳しい現行ルール

演技はもともと自衛のため？

シミュレーションのような演技をする「名優」ならぬ「迷優」は個人技を自負する選手に多いようです。かつての名選手ペレのように、ボールを持つ時間の長いテクニシャンは、選手生命を脅かしかねないラフプレー、度重なるファウルに頭を悩ませていました。

彼らが自分の身を守るために編み出したのが審判へのアピール、ケガの防止を目的として、自ら早めに転倒することでした。初めは自衛の要素が強かったこうしたプレーも、いつしかPKを得るための手段にすり替わっていったのです。

いかにも足がかかった、押されたと言わんばかりに大げさに倒れ込むシミュレーション。守備側の選手も、ファウルのないことをアピール

一緒に覚えたい関連用語

ダイブ　ダイバーに潜む危険

シミュレーションの多くは、得点に直結するペナルティーエリア内で起こります。足が実際にかかっている、いないを問わずファウルをアピールして大げさにゴール前に飛び込むように倒れることをダイブといい、ダイブを繰り返す選手をダイバーと呼びます。「ゴール前は飛び込み台のよう」と表現されるほど横行していますが、シミュレーションとして警告を受ける以外にも、ダイブには多くのデメリットがあります。

一つは、チャンスを潰してしまう可能性があることです。レフェリーがシミュレーションに目を光らせている状況では、多少の接触があっても踏ん張ってプレーを続けた方がゴールにつながる場合があります。プレーを続ける意志の見える選手が転倒すれば、明らかなファウルですから、わざと転ぶ選択肢はもはやマイナスでしかありません。

もう一つは、重大なケガを負った際の危険です。ネイマールが母国ブラジルでのワールドカップで選手生命を脅かす大ケガに見舞われました。サッカーではプレーの流れを重視するあまり、ケガ人に対するフォローが遅れがちです。特にダイバーと目されている選手の場合、ピッチにうずくまっていても、状況を深刻に考えないケースもあります。

1分1秒を争う場面を阻害する要因になるダイブやシミュレーションは単なる違反では片づけられないのです。

中級編 28 Advanced

ボランチ

攻守にわたって活躍する現代サッカーの重要ポジション

日本でもすっかり定着したボランチという言葉は、元々はポルトガル語で船の舵やハンドルを意味するvolanteから来ています。語源が示す通り、ボランチとは本来、中盤でチームの舵取りを担うシステム上の役割を指しています。日本では、それがポジションとしての守備的MFと同義に誤解されている場合もあります。

狭い地域で激しくボールを奪い合う現代サッカーでは、パスを配給し、ゲームを組み立てる役目が徐々にピッチの後方に移ってきています。ボランチは守備的な負荷がかかる重要なポジションに位置していますが、役割的には、かつてトップ下の選手が担っていた攻撃のスイッチを入れる仕事が求められるのです。

日本では94年のワールドカップ・アメリカ大会でマウロ・シルバとドイス（ポルトガル語でダブルの意）ボランチを組んだブラジルの闘将・ドゥンガがジュビロ磐田に在籍したことから広く知られるようになり、周囲を鼓舞する彼の姿がボランチ像として定着しました。用語として「守備的MF（ディフェンシブハーフ）＝ボランチ」に置き換わった感もありますが、ボランチは守備だけでなく、攻撃の起点となるパス、ゲームのリズムを作るパスを出す攻撃的なセンスも求められる重要なポジションなのです。

ポイント！
守備的MF≠ボランチ
現代サッカーの中心、攻守の舵取り役

攻守を担うボランチの役割

攻守両面を担うボランチの体力的負担は大きく、複数選手をボランチに配置した場合は選手に攻撃、守備の役割を割り振る傾向があります。日本代表の前監督ザッケローニはパッサーの遠藤保仁と守備が魅力の山口蛍を組み合わせ、現監督のアギーレは中盤の底にCB（センターバック）もこなせる森重真人を起用しています。森重のポジションは、船の錨を指すアンカーとも呼ばれます。

ボランチは、国やその役割によって呼び名が変わります。イングランドではセントラルMF、スペインでは「軸」という意味のピボーテなどといわれています。

守備を重視するボランチがボールホルダーにプレッシャーをかけ、ボールを奪取。素早くパスセンスに優れた相棒のボランチにパスを出して決定的なチャンスを演出

CHECK! 一緒に覚えたい関連用語

フィルター　守備に専念する中盤のポジション

高度に戦術が進化していくなかで、ボランチやアンカーよりも守備の意識が強く、ほぼディフェンスに専従する「フィルター」と呼ばれる役割の戦術的重要性も高まっています。MFとDFの間の最も危険なゾーンで、ドリブル突破や、DFの背後を突くパスをカットする役割を担う選手です。4－1－4－1などのフォーメーションで、DFラインのすぐ前に位置し、侵入してくる相手やボールをフィルターに絡め取り、除去します。特定マークを持たないことから"中盤のスイーパー（掃除人）"ともいえます。

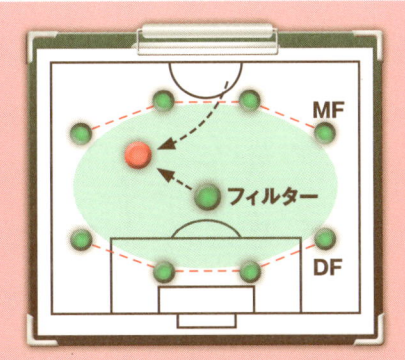

4バックのすぐ前、2人のCBと三角関係を形成するフィルター役のMF。CBの前にいるフォアリベロともいえるが、中央のMFと形成する三角形を見ると中盤のスイーパーともいえるポジションになる

中級編 29 Advanced

トップ下

攻撃を自在に操るトップ下 実は絶滅危惧種!?

長らくピッチの王様として君臨していたのが、2人のFW（2トップ）のすぐ後ろで攻撃を司るトップ下のポジション。中心選手の象徴となる背番号10番、司令塔、パッサーといったイメージが強いこのポジションですが、近年ではその印象がガラリと変わりました。理由の一つに、戦術の変化が上げられます。中央でクリティカル（危険）な仕事をする選手は、必然的に激しいマークに合います。スペースが極限まで狭められた現代サッカーでは、中央に自由にプレーできるスペースはもう存在しません。不世出の天才、マラドーナを抑え

込むために開発されたと言われるACミランのプレッシングディフェンス以降、司令塔タイプの選手は激しいプレッシャーを避けるように、他のポジションにその役割を移していきました。

イタリアのファンタジスタ、ロベルト・バッジョやデルピエーロのようにトップ下から2トップの一角にポジションを移す選手や、オランダ代表で活躍したロナルド・デ・ブールのようにサイドから攻撃のタクトを振るう選手。そして、現在ではこれまで守備的MFの位置と認識されていた中盤後方のポジションからゲームを組み立てる司令塔が増えています。ポジションとしてトップ下を置かないチームも増え、一昔前の司令塔的なトップ下の認識は過去のものになりつつあります。

ポイント！ 前線から消えゆく司令塔 トップ下の役割は大きく変化

最新 サッカー用語 大辞典
世界の戦術・理論がわかる！

ワールドカップに見る日本代表の中盤構成の変化

右の図は2002年のワールドカップ日韓大会から日本代表の中盤の構成を大会ごとに示したものです。変遷を見ると、中田英寿、中村俊輔がトップ下に君臨していた時代から本田圭佑が1トップ、そして1トップ下のポジションを務めた過去2大会へと、トップ下のイメージが変わっていく様子が見てとれます。サッカーの最先端である欧州のクラブでは、中田は右サイド、中村はレジスタと呼ばれる中盤の下がりめで起用されていたことも見逃せない事実です。

近年は、FWも1トップが主流になり、トップ下の選手は、かつてのようなスルーパスではなく、ボールキープ、ターゲット、シャドーストライカーなど複数の役割を担っているのです。

2010年当時の本田の1トップは急造だったが、キープ力のあるFWがチームをベスト16に導いた。対して2014年のザックジャパンでは本田にボールキープの役割を求めた

2002年日・韓大会　トルシエジャパン
柳沢敦　鈴木隆行
小野伸二　中田英寿　明神智和
戸田和幸　稲本潤一

2006年ドイツ大会　ジーコジャパン
柳沢敦　高原直泰
三都主アレサンドロ　中村俊輔　駒野友一
福西崇史　中田英寿

2010年南アフリカ大会　岡田ジャパン
本田圭佑
大久保嘉人　長谷部誠　松井大輔
遠藤保仁
阿部勇樹

2014年ブラジル大会　ザックジャパン
大迫勇也
香川真司　本田圭佑　岡崎慎司
長谷部誠　山口蛍

CHECK! 一緒に覚えたい関連用語

ファンタジスタ、クラッキ　観客を魅了する天才たち

ファンタジスタはイタリア語のfantasia（想像）に由来する言葉で、イマジネーション溢れるプレーをする前線の選手に用いられます。ポジションを問わない「規格外」の選手にはフオリクラッセの称号が与えられます。

クラッキは「名手」という意味のポルトガル語です。ブラジルやスペインでは、ポジションを問わず、天才的なプレーヤーのことをクラッキ（クラック）と呼びます。ファンタジスタもクラッキも具体的なポジションではなく、ゲームにおいて発揮される選手の特徴や才能を賞賛する意味で使われます。

中級編 30 Advanced

ショートカウンター

カウンター攻撃が超進化！
欧州を席巻する最重要戦術

カウンターというと、守備を固めてロングボールを前線に送り、FWの能力に任せて点を取る。シンプルなだけに、退屈なサッカーの代名詞のように扱われる戦術ですが、「ショート」がつくことでその戦術的な意味合いは大きく変化します。

もちろんカウンターも単なる「放り込み戦術」ではない奥深さがあるのですが、それをさらに押し進めたショートカウンターは、欧州のトップクラブが多用し、進化を続ける最重要戦術なのです。

ショートカウンターは、相手陣内のできるだけ高い位置でボールを奪い、素早くゴールを目指す戦術です。ベースになる部分は当然カウンターアタックと共通していますが、ボールの移動距離が短いため相手が守備の準備をする前にスピーディーにゴールに迫り、得点に至る可能性が非常に高い戦術です。

高い位置でボールを奪うために必要なプレッシングディフェンスや、奪ってからのモビリティー（スペースを連動して活用する動き、流動性）など、重要課題を複数組み合わせ、攻守の素早い切り替えで得点を奪うショートカウンターは現代サッカーのスタイルを象徴するようになりました。欧州を沸かせたドルトムントのゲーゲンプレッシングやバルセロナが見せるハイプレスは、ショートカウンターのお手本と言っていいでしょう。

ポイント！ 高い位置で奪って即、逆襲
相手に休む隙を与えないカウンター

攻防一体の「攻め」の守備

ショートカウンター自体は攻撃の戦術を指しますが、そのスタートはボールを奪い、攻撃につなげる「攻め」の守備にあります。右図のようにターゲットにボールが入ると同時に複数の守備者がプレッシャーをかけ、ボールを積極的に奪いに行きます。このときは図の左サイドの選手のように自分がマークしていた相手を無視してでもボールへアプローチする場合があります。ボールを奪った後はそれぞれの選手がそのまま攻撃に転じ、ダイレクトプレーでゴールに迫ります。こうした素早い攻撃をするためには、複数の選手が連動した守備アプローチを行い、相手ゴールに向かう意識を持つことが大切です。

ボールに一番近い選手がファーストディフェンダーとしてプレッシャーをかける。同時に他の選手も相手のパスコースを切りながらボールを奪いに行く。ボールを奪いに前へ出る勢いをそのまま攻撃に行かして、ゴールへのコース取りを行う

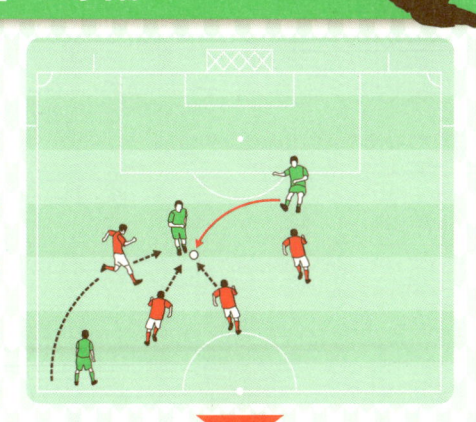

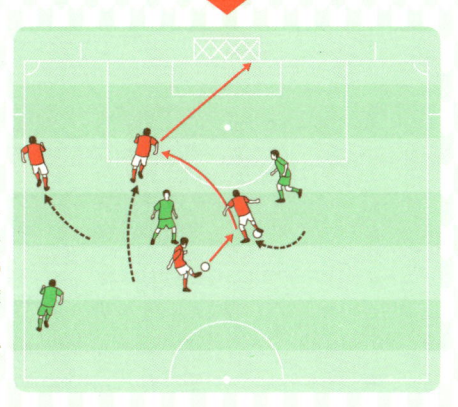

CHECK! 一緒に覚えたい関連用語

トランジション 攻守の切り替え

攻守がめまぐるしく入れ替わり、ピンチとチャンスが表裏一体の現代サッカーでは、カウンターという言葉も死語になりつつあります。サッカー先進国では守備から攻撃に転ずる反撃(カウンター)を、そのものズバリ、攻守の「切り替え」を表すトランジションと表現することが多くなっています。細かくいうとトランジションには2パターンあり、ショートカウンター発動時のように守備から攻撃に転じる切り替えをポジティブトランジション、反対に攻撃から守備に切り替えることをネガティブトランジションと呼びます。

中級編 31 Advanced

ポゼッション

マイボールならピンチにならない？
ポゼッションのメリットとデメリット

ポゼッションは「所有」「占有」を意味し、自チームによるボールの保持、もしくはテレビ中継などで表示される通り、試合中のボール支配率のことを指します。ボールを保持した状態をボールポゼッションと呼び、できるだけボールを保持しながら試合を有利に進めようとするサッカーをポゼッションサッカーといいます。

ポゼッションサッカーの象徴といえばスペインのビッグクラブ、バルセロナです。圧倒的なポゼッションを誇るパスサッカーは伝統に基づいたもので、90年代の「ドリームチーム」で黄金期を築いた名将クライフ監督の名言、「ボールをキープし続けていれば、相手は永遠に得点できない」「パスを回せ！ ボールは疲れない」は端的にバルセロナの志向するサッカーを表しています。

ボールを渡さなければ点をとられないのは紛れもない真実ですが、どんなにレベルが高いチームでもボール保持率100％でゲームを終わらせることはできません。攻撃のパス交換時にボールを奪われると致命的なピンチを招くことがポゼッションサッカーのデメリットです。また、相手が自陣に引いて、ゴール前を固めてしまうと、ポゼッションは高いのに点は奪えないという状況が発生することも多く、ポゼッションにこだわりすぎても弊害があると言われています。

ポイント！ ボールを保持しながら試合を優位に進めるチームスタイル

世界の戦術・理論がわかる！
最新 サッカー用語 大辞典

パスコースを確保する動き

ポゼッションサッカーは「パス回しをするためだけのパス」に陥るとの指摘があります。サッカーの目的はあくまでもゴールすることです。ボールを動かすことで局面を変え、数的優位を作り出してチャンスメイクをする。ボールにかかわるすべての選手が、2手、3手先を読み、その布石としてパスをつなぐのが理想です。図のようにボールを持っていない選手も、ボールがどこにあるか、どうすればフリーになれるかを考えながらオフザボール時にはフリーランニングを繰り返し、パスコースを複数確保します。ボールホルダーは、与えられた選択肢の中から、最良のパスを選び取るわけです。

上図はボールの動きと共に、選手が動き出す様子。2本のパスがつながる間にそれぞれが次の展開をイメージしてポジショニングする。結果、下図のように3本のパスコースが確保された

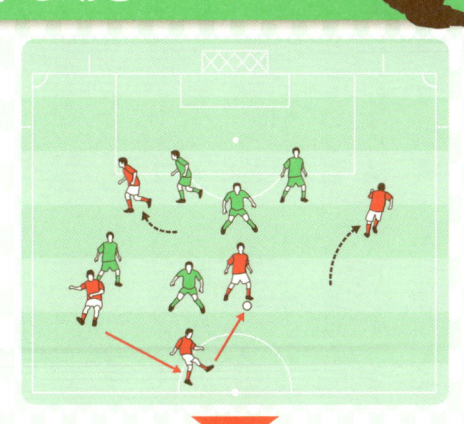

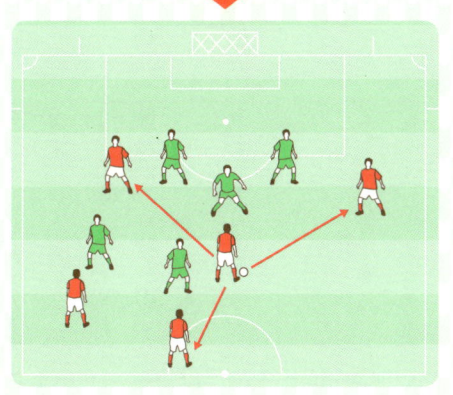

CHECK! 一緒に覚えたい関連用語
ボール支配率　問われるデータの中身

ゲームスタッツ（試合の統計データ）として目にするようになったポゼッションは、ボール支配率と訳されます。チームがポゼッションしていた時間を割合で示したものですが、このボール支配率が圧倒的でも、勝利できるとは限りません。一方が早々に得点を奪い、守りを固めてしまえば相手チームの支配率が上回りますし、逆襲のチャンスをうかがって、相手にボールを「回させる」戦術も存在するため、ボール支配率は必ずしも勝敗と連動しないのです。パスの内容や質は数値化が難しいため、データを見る際はその中身の注意が必要です。

中級編 32 Advanced

アタッキングサード

**ゴールに直結するプレーエリア（地帯）
エリアごとに変わるプレーの選択肢**

サッカーでは「どんなプレーをするか？」の判断が重要ですが「どこでプレーするか」といったことも同じくらい重要です。相手を抜くドリブルはできるだけ相手ゴールの近くで行う方が効果的ですし、ディフェンスの際にも自分の位置を考えてプレー選択をしなければいけません。

アタッキングサードは、サッカーのピッチを三つに分けたときの最も相手ゴールに近いゾーンであり、その名称は攻撃的にプレーすべき場所を指しています。アタッキングサードでは他の二つのゾーンに比べてゴールに向かう積極的な仕掛け、崩しの意図が見えるプレーが求められます。

ピッチを縦に3分割したものをサードオブザピッチと呼び、それぞれがどのようなプレーをすべきゾーンであるかが〇〇サードの名で表現されます。サッカーのフィールドサイズは縦が90〜120mと定められていますから、おおよそ30m前後がそれぞれのゾーンの縦の長さとなります。

アタッキングサードは、得点に直結する地域を指すバイタルエリアという言葉と混同される危険があるのですが、この二つは似て非なるもの。アタッキングサードがピッチを3等分したゾーンの名称であるのとは違い、バイタルエリアは守備陣の配置も考慮された上で「得点が生まれやすい」エリアを特定しています。

ポイント！
ピッチを3分割した内の最前線
攻撃的なプレーが求められるゾーン

サードオブザピッチの分類

プレー自体が流動的なサッカーでは、ピッチを単純に3等分するのは不適当という声もありますが、サードオブザピッチで示された三つのゾーンは戦術の共通理解に欠かせない概念です。自陣ゴールに近いディフェンディングサードでは、無理なビルドアップを試みるよりも安全性を第一に考えるべきですし、ミドルサードでの不用意な横パスはチームを危機に陥れかねません。アタッキングサードでは多少のミスもピンチに直結するわけではありませんから、より積極的なプレーが求められます。ゾーンによって優先すべきプレーを明確にすることで、戦術の導入がスムーズになるのです。

アタッキングサード
ゴールするために積極的にプレーするゾーン

ミドルサード
DF・ボランチは危険なプレーは避けるゾーン

ディフェンディングサード
無理なプレーは避ける自陣ゴール側のゾーン

約30mずつに区切られた三つのゾーンにそれぞれ、アタッキングサード、ミドルサード、ディフェンディングサードの名前がつけられている。アタッキングサードが頻出用語だが、他の二つも戦術理解のためには併せて覚えておきたい言葉

CHECK! 一緒に覚えたい関連用語

バイタルエリア
ゴール前の危険なエリア

バイタルエリアはゴールの幅からペナルティーエリアの角を結んだエリア＋DFとMFのライン間を指します。日本ではゴール枠内を指すと誤用されているゴールマウスも元々はゴールエリアのことですがいまではゴールに直結する危険なエリアの意味で使われます。

中級編
33
Advanced

ビルドアップ

DFラインから攻撃は始まっている
攻撃態勢を構築する足掛かり

GKがボールを持ったとき、DFがサッとサイドに展開してボールを受けることがあります。サッカーにおける攻撃の組み立てはこの1本目のパスからすでに始まっています。ビルドアップは築き上げる、確立するという意味を持ちますが、サッカーでは攻撃を組み立てる際の礎となるパスや組み立てそのもののことを指します。

一昔前、サッカーの司令塔といえば2トップ下のポジションとほぼ同義でした。しかし、現代サッカーでは、さらに後方から緻密にゲームを組み立て、パスをつないでいく必要があるため、いわゆるボランチの選手が前線への配球役になっています。近年ではこのエリアでさえ激しいプレッシャーにさらされることが多くなり、DFラインやGKから出されるパスが攻撃の組み立ての第一歩、すなわちビルドアップのためのパスになることも増えてきているのです。特にポゼッションサッカーを志向するチームにとっては、後方からのビルドアップが重要で、CBやGKにもパスセンスが要求されます。

DFラインから出る縦パスをビルドアップととらえている人もいますが、実際はDFラインやGKの間でボールを回し、前線の動きを引き出すプレーもビルドアップといえ、攻撃にかかる際の組み立ての一部と考えていいでしょう。

ポイント！
後方からの組み立て
自チームの攻撃を確立する準備

前線で数的優位を作るための布石

　攻守の切り替えの速い現代サッカーでは、たとえ自陣深くのパス回しであっても無駄なパスは一切ありません。GKからCBに送られるパス一つをとっても、CBがあらかじめサイドに開き、相手をサイドに引きつけてパスコースを確保するパターンや、CBの代わりにボランチが下りてきてビルドアップに参加するパターンなどがあります。

　いずれの場合も、パスを回しながら攻撃の起点を作るのが目的のため、漫然としたパスではなく、前線の流動性を引き出す意図を持ってパスを出し続ける必要があります。

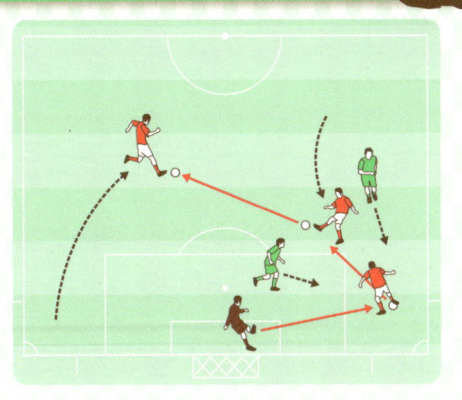

GKがサイドに下りてきたCBにパス。相手のプレッシャーはサイドに集中する。そこへ、中盤からボランチが下がり、連動性のあるビルドアップを経て逆サイドに展開する

CHECK! 一緒に覚えたい関連用語

オーガナイズ　ゴール前の危険なエリア

　オーガナイズの直訳は「組織すること」。サッカーではピッチ内にいる選手たちが、互いに緊密な関係をとり、組織化された動きを見せることをオーガナイズといいます。「オーガナイズされたチーム」といえば攻守にわたって組織がしっかりしていて、連動した動きができているチームを指します。チーム全体の連動が十分でない場合に指導者から「オーガナイズ！」と指示の声がかかることもあります。

　攻撃の起点となるプレーでビルドアップに近い意味で使われることもあります。「オーガナイズする」という言葉の使われ方の場合は、ビルドアップよりもピッチ全体を見たときのお互いのポジショニングや連動性に比重が置かれます。

　オーガナイズにはもう一つ「計画する」という意味もあります。これもサッカーでは「練習計画」という意味で使用されています。習熟に合わせてトレーニングのレベルや負荷を高めていくことを「トレーニングのオーガナイズ」と言ったり、計画に基づいてトレーニングメニューを組み立てることを単にオーガナイズと言ったりします。

　まったく同じ言葉でいくつかの意味を持つので、ややこしく感じますが、試合中に用いられる場合は組織的な動きのこと、練習に用いられたら計画のことを示すと区別すればわかりやすいかもしれません。

中級編 34 Advanced

プルアウェイ

「消える」動きでマークをはがしパスコースを生み出す

プルアウェイは、相手との駆け引きでマークを外す動きの一つです。マークを外すことをマークを「はがす」と言いますが、単にスピードでかわすのとは違い、技巧的なステップワークとターンを組み合わせてパスコースを作る様子はまさにはがすと表現するのにぴったりの動きです。

DFラインの裏を取るのがうまいFWは一度引いて（プル）から、ターンして再び離れながら（アウェイ）ボールを呼び込むプルアウェイと、その反対の動きであるプッシュアウェイを巧みに使い、DFの守備範囲から抜け出します。DFはボールとマークすべき相手を同一視野に入れてプレーしたいのですが、プルアウェイの場合、ボールホルダーに注意が傾くためマーカーのターンを目で追うことができません。

この動きを最終ラインでやられてしまうと、抜け出した選手にパスが出てGKと1対1というシチュエーションになってしまいます。

プルアウェイやプッシュアウェイのようなマークをはがすオフザボールの動きは、FWの選手だけでなく、DFラインから縦パスを受ける中盤の選手にも必要なテクニックです。ボールを持たない選手が絶えずマーカーを振りきろうと動くチームは、常にフリーでパスを受ける選手がいることになり、対戦するにはやっかいな相手となります。

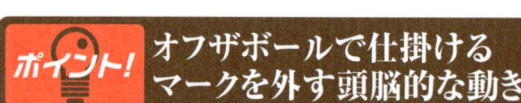

ポイント！ オフザボールで仕掛けるマークを外す頭脳的な動き

オフサイドラインを突破するプルアウェイ

　足下でボールを受けるために引いて来たＦＷが、バックステップでDFの視野から外れるように左右どちらかにふくらんで動く。ボールホルダーの動きに注意を向けているDFはFWの動きを追えずに置き去りに。プルアウェイは最終ラインを突破するのに最も有効なオフザボールの動きです。バックステップやクロスステップを使い、DFの位置を見ながら前に出ることで、オフサイドにもならず、同時にマーカーとの距離が生まれ、パスコースを作ることができます。かつてのイタリアの点取り屋、フィリッポ・インザーギや広島のストライカー佐藤寿人のようなＦＷは、こうした駆け引きでオフサイドラインをくぐり抜けてゴールを量産しました。

> ボールホルダーに近寄るFWの選手。マークがついてきたのを確認し、ステップを使ってふくらみながら逃げる。この動きでできたパスコースにボールが出れば、ＤＦを置き去りにしたままゴールへ向かえる

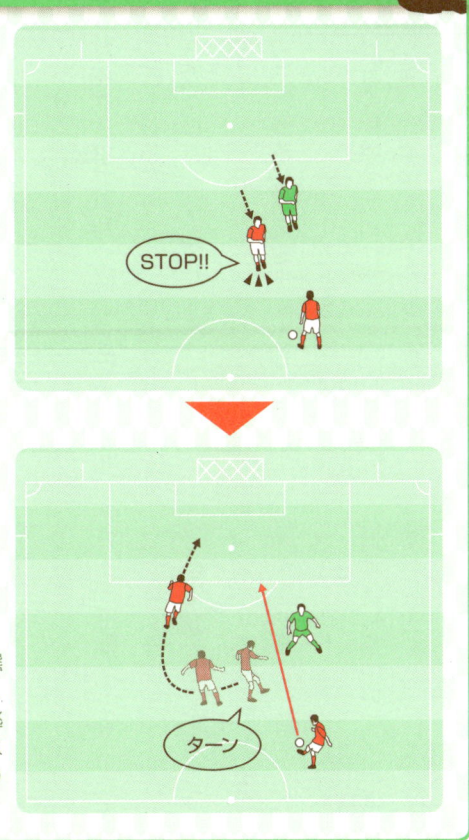

一緒に覚えたい関連用語　CHECK!

プッシュアウェイ
行くと見せかけて戻る動き

　プッシュアウェイはプルアウェイと反対の動きになります。ゴール方向のスペースに走り込むと見せかけてＤＦを釣り出し、そのまま方向転換をして自陣方向に戻りながらボールを受けます。V字型に動いてスペースを作るため、チェックの動きともいいます。

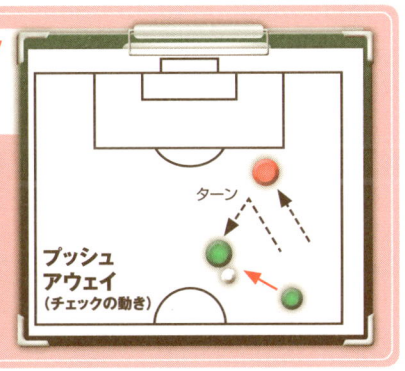

中級編 35 Advanced

リトリート

定位置まで戻ってリセット
安定した体系で守備ブロックを形成

リトリートは、DFラインの陣容を整えながら自陣に下がって守る守備戦術のことをいいます。リトリート自体は英語で退却や撤退、後退を意味する言葉なので、後ろに下がって守備ブロックを形成する守り方と言っていいでしょう。

攻撃がカウンター主体のチームでは、リトリートを守備時の基本戦術に据えるチームもあります。また、格上のチームと対戦するときに、プレッシャーをかけに行く位置を低めに設定し、自陣後方に引いて待ち構える守備を行うこともあります。相手にスペースを与えず、ボールを「回させる」こうしたやり方もリトリートの一種です。

欧州のトップクラブでは、主にディフェンス側が数的不利な状況に陥った場合の選択肢の一つとして使用されます。想定されるのはカウンターを受けた場合です。後方にいる守備選手は守備ブロックが機能するように定位置に戻って相手の攻撃に対応します。ボールへのプレッシャーはどんなときにも必要ですが、リトリートの際に1人で無理にボールを奪いに行ってしまうと、そこにリスクが生じます。数的不利でも選手の数が同じ場合でも、リトリートを行う場合は、チーム全体が共通理解に基づいて、一気にポジションを整える必要があります。日本では言葉として「リトリートする」といった使い方もします。

ポイント！
引いて守る選択
自陣に下がる守備戦術

攻撃に耐える守備戦術ではない

リトリートは、ただ単にベタ引きして相手の攻撃に耐える「引きこもり」サッカーではありません。

後の項で詳しく説明するディレイ、つまりファーストDFがプレーを遅らせるためにプレッシャーをかける動きと組み合わせて、下がりながらも守備側に有利な形を作り出し、隙があればボールを奪いに行くのがリトリートです。

全体が連動してポジションを下げる動きは変わりませんが、相手の動きに受け身になってしまうと、余裕を持ったパス回しに翻弄されることになります。

リトリートでは、ボールへのプレッシャーとマークの意識、スペースを埋める意識が大切です。

> まずはボールに近い選手がボールホルダーの進行方向をふさぐようにしてポジションを下げる。その他の選手はマークとスペースを意識しながらそれぞれ自陣後方に下がり、守備ブロックを形成する

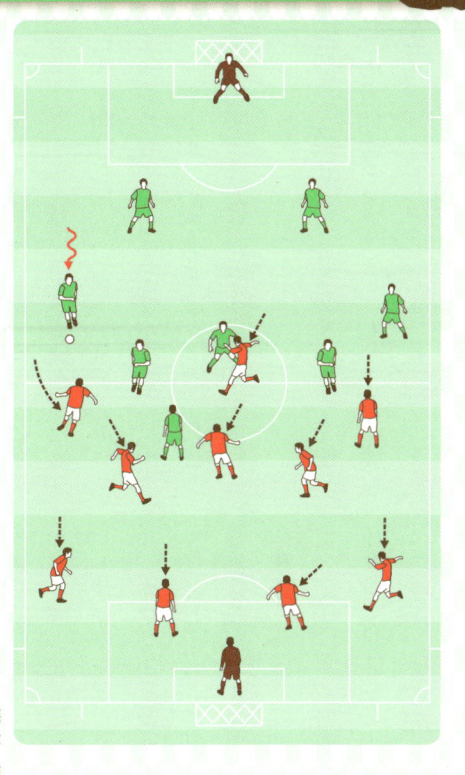

フォアチェック　前からのプレッシャー

一緒に覚えたい関連用語 CHECK!

リトリートと対をなす守備戦術がフォアチェックです。言葉の通り、フォア（前線）からチェックに行く積極的な守備のことを指します。相手のビルドアップの段階からプレッシャーをかけ、パスコースを限定しながら、狭いエリアに追い込んでボールを奪う守備戦術です。歴代の日本代表でも多用された戦術ですが、この守り方には前線の選手の守備負担が増すデメリットがあります。反面、複数の選手が連動してフォアチェックを仕掛け、高い位置でボールを奪うことができればそのままショートカウンターに移行することができます。

中級編 36 Advanced

ボディーシェイプ

次のプレーに移行しやすい体の向きと姿勢

どちらの足でボールを受けると次のプレーに移行しやすいか？ ゴールに最短距離で向かうためにはどちらに体を向ければいいか？ ボディーシェイプはボールを持っているオンザボール、持っていないオフザボールにかかわらず、プレーに最適な体の向きや姿勢、またそれを作ることを指します。

単に「体の向き」と訳されることが多いようですが、シェイプの意味から考えると、しっかりと頭を上げた視野の確保（ルックアップ）、次のプレーに移りやすい体重移動を意識した姿勢など「体の形」を作ることと理解した方がより正確でしょう。

指導者から「ボディーシェイプ！」と声がかかれば、ボールを受けるのに最適な正しい体勢を作ろうという意味です。良い状態は「グッドボディーシェイプ！」と言います。

トラップなど、ボールコントロール時はもちろん、オフザボール時のマークを外す動き、囮として使われるときの動き、オーバーラップで走り込む動きなど、サッカーのあらゆる場面でのプレーを意識しなければいけないのがこのボディーシェイプです。創造力溢れるプレーをするためにはボールを受ける前の準備が大切です。ボディーシェイプをしっかり整えて、最良のプレー選択をしましょう。

ポイント！ 次のプレーをスムーズにする
ボールを受ける前の体の形

選択肢と最適なプレー

　ボディーシェイプは、ディフェンスとの位置関係や、プレーエリア、ボールに対する角度などによって「正解」が変わります。基本的にはプレーの選択肢を多くできるポジショニングと姿勢がグッドボディーシェイプになります。

　ボールを受けた瞬間には、豊富な選択肢の中から最適なプレーを選び取らなければいけません。DFには「こっちもケアしないと」と思わせつつ、自分の中ではプレーの選択が進んでいるという状態がベストです。オフザボールからボディーシェイプを意識して動いているとこうしたことが可能になります。

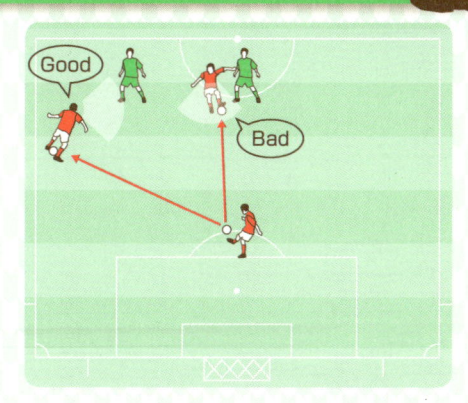

上図のボール位置に対して、タッチライン際の選手はゴールに向かう姿勢がとれていてグッドボディーシェイプ。反対にDFを背負っている選手は、ボールを受けてからのターン方向にDFがいてあまり良い体勢とはいえない

一緒に覚えたい関連用語

アングル　プレー選択を考えた角度

　アングルは角度を表す言葉です。ボディーシェイプと同じく、サッカーではさまざまな角度を意識してプレーすることも重要です。

　ボディーシェイプが体全体の形を含んだ表現なのに対し、選手個人のアングルを語る場合は、体の向きを指します。タッチラインを背負った角度でボールを受ければ守備方向と攻撃方向にまたがって180度のアングルが保てますが、自陣か相手陣のゴールに背中を向けていれば守備側か攻撃側どちらか一方に偏ったアングルしか取れないことになります。

　相手に止められずに通せるパスの角度をパスアングルと呼び、角度を蹴り分けることで成功率の高いパスコースを確保できるようになります。一見パスコースがなくても、パスの受け手か出し手のどちらかが動き直し、アングルを変えることでパスが通るコースが作れるのです。

　また、ボールを持っているプレーヤーを的確な距離を保ちサポートできる角度のことをサポートアングルといいます。攻撃時にボールホルダーのサポートアングルに入ることによって、より厚みのある攻撃を仕掛けることができます。

　元々アングルはラグビーで使われていた言葉ですが、隣り合う2人のDFが平らに並ばずにどちらかが少し下がり、ディフェンスラインに角度をつけることを「アングルをつける」、または単に「アングル」と言います。

中級編 37 Advanced

ディレイ

相手のプレーを遅らせ
攻守の切り替えの間を作る

相手の攻撃を遅らせる、延ばす、遅延、停滞させる守備方法がディレイです。積極的にボールを取りに行かない行為や数的不利の場合に用いられることからリトリートと混同されやすいのですが、リトリートがポジションを自陣側まで思いきり下げるのに対して、ディレイは「相手のプレーを遅らせる」ことを最優先させた守備のことをいいます。ファーストディフェンダーがディレイで相手のプレーを遅らせている間に他の選手が守備に戻り、数的同位、また数的有利な状態に持っていきます。カウンター攻撃の際に「プレーを遅らせたい」

と解説者が言うことがありますが、これは相手の進行方向をふさぎ、シュートやパス、ドリブルを安易にさせないディレイの必要性を求めるものです。ディレイとリトリートが同じ意味で使われやすいのにはもう一つ理由があります。リトリートする場合、ボールホルダーにアプローチする守備者はほとんどの場合、ディレイで対応します。リトリートで味方が戻って守備ブロックを形成するまで時間を稼ぐ、ボールを奪うよりパスコースを限定するなどの理由でディレイが使われるのです。ディレイの多くは攻撃から守備の切り替えが遅れ、ボール保持者が自由にプレーすることを止めるための戦術です。これに呼応して、DFは帰陣して守備ブロックを整えます。

ポイント！ 相手の勢いを受け止め
守備体系を整える時間を稼ぐ

リスクを避けて数的同位に持ち込む

右図のパターン1は3対2で守備側が数的不利な場面です。この状況で守備者はボールホルダーのボールを直接的に奪いに行っています。この守備で1対1に敗れたり、サイドに走る選手へのパスを急がれてしまうと守備側は危機的な状況になります。

少し状況は違いますが、パターン2のようにボールホルダーの進行方向に回り込み、ＤＦが戻る時間を稼ぐプレーがディレイです。ＦＷや攻撃的ＭＦは前線からボールを直接奪うためのフォアチェックを仕掛けることが多くなりますが、守備の比重が高いボランチやＤＦはエリアや状況によって、相手の出方をうかがいながらプレーを遅らせるディレイを身につけておく必要があります。

パターン1

パターン2

> パターン1は数的不利でプレッシャーをかけに行ってしまったＮＧ例。相手に複数の選択肢がある状況での守備としてはリスクが高すぎる。一方パターン2はプレーを遅らせることで味方の帰陣を助け、数的同位に持ち込むことに成功した良例

「時間を遅らせるために前に入る」

「ここに戻ってくるまで時間をかせぐ」

一緒に覚えたい関連用語

守備ブロック
連動する守備のグループ単位

攻守一体がキーワードの現代サッカーでは、個人のディフェンススキルを大前提に、組織的な守備が求められます。複数の選手で連動性のある守備を行う際の個々のグループを守備ブロックと呼びます。通常はＦＷ、ＭＦ、ＤＦの3ラインがそれぞれの守備ブロックを形成して、緊密な連係をとりながらチームディフェンスを完成させます。

同一ラインにいる守備者が、お互いに適切な距離と位置関係を保ちながら攻撃を「塊」ではね返す強固な守備ブロックの形成を意識することは、特にＤＦには必須の概念になっています。

中級編 38 Advanced

トライアングル

複数のパスコースを作る最小単位
線でなくピッチを面で支配

　ポゼッションサッカーが隆盛を極め、再び注目を集める概念がトライアングルです。日本ではハンス・オフト元日本代表監督が持ち込んだ言葉として知られますが、1人の選手に対して2人の選手がサポートをする三角形を形成することで二つのパスコースが得られます。さらにピッチ上の全選手がこの三角形を意識してポジショニングし続けると、複数の三角形の集合体ができ、それらがすべてパスコースになるのです。

　オフトがもたらしたトライアングルは、ボールホルダーと2人のサポートの位置、距離のとり方としての最小グループを意識する意味合いが強いものでしたが、オフトの故郷であるオランダで生まれたトータルフットボール、そこから派生したバルセロナ、バイエルンのサッカーは、ピッチ上のあらゆる局面がトライアングルで構成されています。パスを出した選手は、パス&ゴーの鉄則に従って前に出ますが、トライアングルを意識したサッカーでは、パスがつながった後も、常にトライアングルを再構成するように走ります。こうして小さな三角形をピッチ上でつなぐことで、キーワードとなる「3人目の動き」が必然的に生まれ、数的優位を作ることができます。トライアングルを形成し、ポゼッションしながらプレーエリアをゴールに近づけることが可能になります。

ポイント！ 数的優位を作る複数の三角形を連続した人の動きで構成し続ける

トライアングルと3人目の動き

トライアングルを意識すれば常に二つのパスコースが確保されますが、パスを出した後も常にトライアングルを作るようにすれば、ボールにかかわる2者以外の「3人目の動き」が効果的に生まれます。右図では始めにボールを保持していた選手が、パスを出すのと同時に動き出し、トライアングルを作る他の2選手がパス交換をする間にフリースペースに至っています。この選手がボールを受けると、逆向きの新たなトライアングルができます。仮にDFのカバーリングに合っても、ボールを後ろに下げれば、攻撃をやり直すことが可能になります。

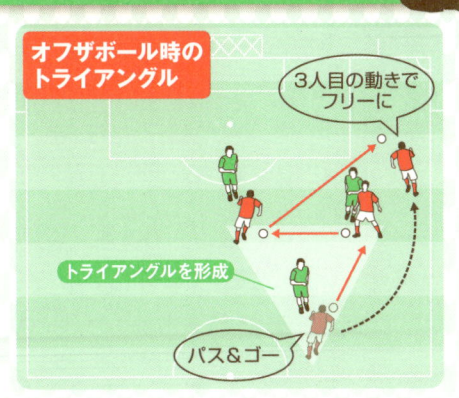

オフザボール時のトライアングル

- 3人目の動きでフリーに
- トライアングルを形成
- パス&ゴー

縦に入ったくさびのパスを受け取った選手は、トライアングルを構成するもう1人の選手に横パス。パス交換の間に3人目の動き

CHECK! 一緒に覚えたい関連用語

12トライアングル パスの選択肢を表すイメージ

右の図はクライフが率いたバルセロナのドリームチームが採用した3-4-3の陣形を表しています。このフォーメーションでは、スタートポジションで最大12個ものトライアングルができていることがわかります。実際のゲーム中にはこの12のトライアングルをベースに三角形の組み合わせを変えながらパスをつなぎます。現在のバルセロナは基本的に4バックを採用していますが、中盤の下がり目中央の選手（スペインではピボーテといいます）を軸とするトライアングルをできるだけ多く形成し、パスコースを確保するやり方は変わっていません。

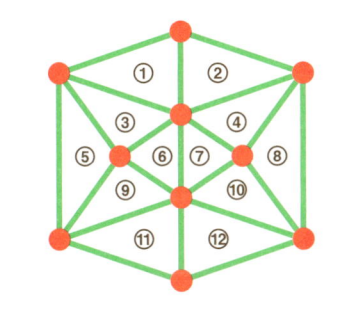

バルサの陣系図　12のトライアングル

① ② ③ ④ ⑤ ⑥ ⑦ ⑧ ⑨ ⑩ ⑪ ⑫

中央の選手は必然的に多くの三角形に接する。バルサのビルドアップで中心となるピボーテにはグアルディオラ、シャビ、ブスケツと歴代のキープレーヤーが名を連ねる

中級編 39 Advanced

体幹トレーニング

当たり負けしない強さを手に入れる　体の軸を作るためのトレーニング

インテルで活躍する長友佑都の飛躍の秘密として話題になったのが体幹部を鍛える、体幹トレーニングです。サッカーは足を中心とした下半身を使って行うスポーツと思われがちですが、実際は上半身のバランスや体幹（体の中心部）の強さを必要とした全身を使うスポーツです。

体幹は、主に胸椎と腰椎を中心とする「胴体」部分のことです。この体幹の部分に当たる大小さまざまな筋肉を刺激して、体を安定させるトレーニングの総称が体幹トレーニングです。体の中心、つまり「核」を鍛えることからコアトレーニングとも呼ばれ、体の深部の筋肉群をインナーマッスルと呼ぶ場合もあります。

比較的速いテンポで強い負荷をかけて行うことのある通常の「筋トレ」とは違い体幹トレーニングはゆっくりとした動きで、自分の体重を負荷として行います。これは筋肉を大きくすることが目的ではなく、普段意識しない筋肉を動かして刺激を与え、体を安定させる効果を高めるためです。

フィジカルコンタクトを受けてもブレない体を作るには、筋肉や神経を調整するコーディネーション能力や体が本来持っている柔軟性を引き出す必要があります。ショートダッシュや急停止、ターンやボディーコンタクトなどサッカーに必要な筋力の下地を体幹トレーニングで鍛えるのです。

ポイント！　体の中心部の筋肉を刺激　強さの基盤を作るトレーニング

スタビリティートレーニング

右は代表的な体幹トレーニングです。腕立て伏せのように見えるのはフロントブリッジというトレーニングで、ひじとつま先の4点で体を支えます。正しい姿勢をキープするためには見た目以上に負荷がかかります。そのまま右手、左足を上げるブリッジは実践してみればすぐにその難しさが理解できるはずです。

下の図はレッグランジという種目です。スクワットに似た形ですが、片方の足を前に出して、モモと床が平行になるまでゆっくりと腰を落とすこの動きは体幹部の安定性がないと行えません。こうした安定性を高めるトレーニングはスタビリティートレーニングともいいます。

フロントブリッジ

レッグランジ

上図：フロントブリッジは体幹全体の安定化に効果があります。できるだけ体を一直線に保ちましょう
下図：レッグランジはお尻やもも裏の筋肉を刺激します。体幹が弱い場合は左右にグラついてしまいますが、トレーニングを重ねると安定感が増してきます

CHECK! 一緒に覚えたい関連用語

コア　体の「核」となる部分の強さ

コアは体幹とほぼ同じ意味で使われています。体幹が胴体部分をイメージしやすいのに対して、コアは体の「核」という曖昧な定義で用いられるため、コアという言葉を避けるトレーナーも存在します。しかし、言葉の上では体幹トレーニングをコアトレーニングともいい、一般的には明確な区別はされていません。

筋肉に関してコアといった場合には、ローカル筋（深層筋）と呼ばれる体の深部の筋群を指すこともあり、その対となる体の表面にある筋群はグローバル筋（表層筋）と呼ばれています。

中級編 40 Advanced

アジリティー

サッカーに必要な速さ
日本人が世界と戦う武器

小柄な日本人選手が世界で活躍するキーワードの一つに「アジリティー」という言葉があります。アジリティーは、英語で（動作の）敏捷性、すばしっこさ、機敏さを示す言葉で、体格に劣る日本人が世界と対抗できる能力ともいわれています。

サッカー界では、敏捷性を高める「アジリティートレーニング」の形で10年くらい前からよく使われるようになった言葉です。

サッカーでいう足の速さと陸上競技での足の速さは、少し違いがあります。サッカーではスピードの緩急や、急発進、急ストップを繰り返す中での体のバランスが求められ、こうした動きがスムーズに行える選手が相手を「置き去りにする速さ」を発揮します。サッカーにおけるアジリティーは単に敏捷性を示す言葉ではなく、クイックネス（俊敏性）を含んだ機動性全般を指すと考えた方がいいでしょう。

こうした「速さ」は、脳や神経が急激に発達するプレ・ゴールデンエイジ期から、動作の習得能力が高いゴールデンエイジ期と呼ばれる期間に大幅に成長するとされています。ですから、アジリティートレーニングは育成の土台作りでもある小学生の内に徹底して行うと効果的です。一方、単に走力で表す「速さ」は筋発達が促される中学生年代以降に伸びる要素を抱えています。

ポイント！　敏捷性、すばしっこさの源
速さを実現する能力

ラダーを使ったステップトレーニング

　アジリティーを鍛えるトレーニングの定番といえば、ラダーを使ったトレーニングです。ラダーは「はしご」という意味ですが、はしご状の専用器具を地面に置き、四角いマスの中に足を着いて、さまざまなステップを身につけるのに使用されます。

　クイックランと呼ばれる足を交互にマスの中に置いていくオーソドックスなステップから、一定のリズムでマスの外に足を踏み出すシャッフルなど、数種類のステップを組み合わせて行います。これらをスピーディーにそしてリズミカルに行うことで、神経回路が刺激され、アジリティーやバランス感覚が養われると言われています。

①は進行方向に向かって左右交互にステップするクイックラン。②は進行方向に対して横向きに進むサイドステップ。③のように足を交差させるクロスステップを織り交ぜてステップの多様性を身につけることも重要

CHECK! 一緒に覚えたい関連用語
スピード・アジリティー・クイックネス（SAQ）

　アジリティーと似た言葉にスピードとクイックネスがあります。これらを同時に鍛える「SAQ」というトレーニングがあり、スピードは前方への重心移動の速さ、アジリティーは体をコントロールする速さ、クイックネスは刺激に対する反応速度と定義されています。

SAQ強化に用いられるミニハードルを使ったトレーニング

中級編 41 Advanced

オープンスペース

現代サッカーで、さらに高度化するスペースを使う戦略

ピッチ上の味方も相手もいないスペースのことをオープンスペースといいます。サッカーの母国、イングランドでは「いずれの勢力によっても統治されていない領域」を意味する"ノーマンズランド"と表現されることでもイメージできるように、オープンスペースをうまく使えば、ピッチ上での戦いを有利に展開できます。

サッカーはお互いがスペースを奪い合うスポーツとも言われます。オフェンスは「スペースにうまく侵入する」攻撃を仕掛け、ディフェンスはオープンスペースを極力作らないように「スペースを埋める」守り方をします。

ボールがある激戦地には、ボールホルダー、そのマーカーを含めて多くのプレーヤーがいます。DFラインを押し上げ、プレーエリアを限定しながらゲームを進める現代サッカーでは、ボールがある位置の逆サイドやDFラインの背後にのみ広いオープンスペースが見いだせます。優れたプレーヤーは、ボール付近の局所的な視点ではなく、ピッチ全体を俯瞰して、オープンスペースを見つける能力に長けています。

ボールサイドとは逆の広いスペースがあるサイドのことをオープンサイドともいいますが、こちらは、ピッチを縦半分に分けた左右のゾーンを意識する場面で使われる言葉です。

ポイント！ ピッチ上のフリースペース
勝敗を分ける攻略ポイント

中央を避けサイドのスペースを使う

　サッカーの戦術的、技術的な進化と共に、ゴール正面となる中央エリアはますます密集し、激しいプレッシャーにさらされる場所になっています。現代サッカーでは両サイドのＳＢも含めたワイドな展開が必須で「サイドを制するものはゲームを制す」とまで言われるほどです。アタッキングサードにさしかかるゾーンのオフェンスでも、図のように中央の選手の動きを囮に、サイドのオープンスペースを使う選択肢を意識しなければいけません。図のような攻撃パターンを見てもわかるように、オープンスペースは自分たちで作り出すものでもあるのです。

ハーフウェーライン付近からパスが出たところまでは同じだが、パスを受けた2人目からの状況が大きく変化する。上の図は中に動くＦＷをそのまま使おうとしたがＤＦが2人そろっているため突破は難しい。下の図はＦＷを囮にＤＦの背後を突くパスを選択。オープンスペースを有効に使う攻撃となっている

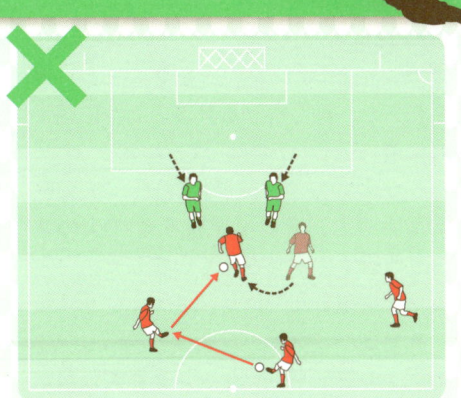

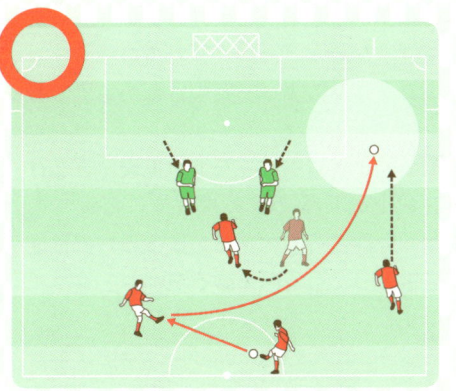

一緒に覚えたい関連用語

ブラインドサイド　相手の死角となるピッチサイド

　ラグビーやアメリカンフットボールでは、オープンサイドの対義語として、ブラインドサイドという言葉があります。スクラムなどの位置からタッチラインに近い方がブラインドサイド、距離が遠く広いスペースがある方をオープンサイドといいます。

　サッカーではラグビーと同じようにブラインドサイドを狭いエリアという意味ではほとんど使いません。サッカーでブラインドサイドといえば、相手の死角になるサイドのことを指します。「ブラインドサイドにボールを置いてキープする」などの使われ方が一般的です。

知って得するサッカーコラム　監督編

01
リヌス・ミケルス＆ヨハン・クライフ
（オランダ）

Marinus Hendricks Jacobs Michels
Hendrik Johannes Cruijff

現代サッカーの源泉
トータルフットボールの始祖

「オランイェ（オレンジ）」を身にまとった選手たちが、押し寄せる奔流のように相手陣内に流れ込む。74年、ワールドカップ・西ドイツ大会のオランダ代表は、2人の戦術の革命者と、それを遂行する10人の才能溢れる選手で構成されていました。

革命を指揮したのはリヌス・ミケルス監督。4－3－3システムをベースにしつつも数字上の並びやポジションを無実化した究極の全員サッカーは、ボールに対して積極的にプレッシャーをかけるプレッシングと、選手がどんどん入れ替わるローテーションアタックによって実現されたものでした。

革新的な戦術もピッチ上で実現できなければ机上の空論で終わります。ピッチの中から戦術遂行のタクトを振るったのは後に監督としても名声を得るヨハン・クライフです。ＣＦ（センターフォワード）でありながら上下によく動き、時にゴールに直線的に向かい、時には中盤に下がって味方の上がりをサポート。現在ではよく知られるこうした動きも、74年当時には斬新なものでした。

2人は共にオランダの名門アヤックスを経て、バルセロナの監督を務めています。アヤックスとバルサ、ミケルスとクライフをつなぐ源流が後のクライフによるバルサイズムを創造し、リーガ4連覇、ＣＬ優勝などの成果を挙げ、現代サッカーの礎となったのです。

02 アリゴ・サッキ
（イタリア）
Arrigo Sacchi

組織プレーを劇変させた プレスディフェンスの創始者

　トータルフットボールの申し子がクライフだとすると、アリゴ・サッキはミケルスとクライフのやり方を咀嚼(そしゃく)し、再構築した傍系の継承者とでもいえる存在です。

　サッキの最大の功績はプレスディフェンスとその方法論の発明です。近年では、ビジネスの手法に特許が認められることが増えていますが、サッキのプレッシングはまさにビジネスモデル特許でした。

　「前からボールを奪いに行く」と口で言うのは簡単です。「選手が連動して」と言っても、どの選手がどうすべきか、状況がめまぐるしく変わるピッチ上で、すべてに答える時間はありません。そこでサッキは、ピッチより小さな「鳥かご」と呼ばれる施設を作り、選手にプレッシングの幅やタイミング、連動性を身につけさせました。日本ではボール回しの練習を「鳥かご」と呼びますが、サッキは、四方を囲んだ本物の「鳥かご」を作ってしまったのです。

　ピッチを24等分のブロックととらえ、ＤＦラインが押し上げることで各ブロック内でボールを奪いやすくする。この戦術には４－４－２の最終ラインを担う、フランコ・バレージのラインコントロールが必要不可欠でした。若き日のマルディーニも攻撃的な左ＳＢとして活躍しました。サッキが考案したプレスディフェンスは実はマラドーナという「強大な個」に対抗するために作られたとも言われます。個から組織へ。時代を変えたのはサッキのミランでした。

知って得するサッカーコラム 監督編

03 ジョゼ・モウリーニョ
（ポルトガル）

José Mário dos Santos Mourinho Félix

常に結果を求める現実主義
実は情に厚い「スペシャルワン」

「スペシャルワン」ついには「オンリーワン」と自ら称するその発言を大げさでなく思わせる実績を誇るのが、現代の知将モウリーニョ。選手としてプロキャリアはなく、名将ボビー・ロブソンの通訳から身を立てた逸話は有名です。モウリーニョが世界の舞台に現れたのは2002－03シーズンのこと。ポルトガルの強豪ＦＣポルトを率い、国内2冠、ＵＥＦＡカップでもスコットランドの名門セルティックを下し一躍時の人となります。翌シーズンには国内リーグに加え、チャンピオンズリーグも制覇する快挙を披露。優勝の瞬間逃げるようにしてスタンドに消えた彼は、このときすでにビッグクラブでの挑戦を心に決めていました。

モウリーニョの快進撃は止まらず、プレミアリーグ・チェルシーでも50年ぶりのリーグ制覇、カップタイトルの２冠を達成。その後もリーグ連覇など輝かしい記録を残して、イタリアのインテルに新天地を求めます。モウリーニョはインテルでもＣＬ制覇、イタリア3冠を達成し、その優勝会見で辞任を発表。続くレアル・マドリードでもリーグ優勝を果たすのです。

常に勝利を求め、それを達成してきたモウリーニョには、守備的な戦術を採用するリアリストとのレッテルがつきまといますが、直に触れた選手たちは彼を情に厚いロマンチストで攻撃サッカーの信奉者とそろって評すのです。比類なき実績を残す彼が代表チームを率いるかどうかも注目の的です。

04 カルロ・アンチェロッティ
（イタリア）
Carlo Ancelotti

サッキの理論を受け継ぐ仕事人

　現役時代、サッキからプレッシングサッカーの薫陶を受けたアンチェロッティは、古巣ミランの監督時に、ピルロをレジスタにコンバートした「功績」でも知られます。選手・監督の両方でチャンピオンズリーグ制覇を成し遂げたアンチェロッティは、チェルシーに新たな仕事を見いだしますが、ここでの航海は思うようにいかず…。その後はパリでリーグ優勝を果たして再びビッグクラブ、レアル・マドリードで挑戦を始めました。

05 ルイ・ファンハール
（オランダ）
Aloysius Paulus Maria "Louis" van Gaal

経験豊富な「教師型」の戦術家

　ファンハールは、時に強権発動を厭わない「強面」の指揮官として知られます。14年ワールドカップではあらかじめデータを与えていたPK専用の第3GKを投入して母国オランダを準決勝に導くなど、戦術家の片鱗を示しました。一時の傲慢ともとれるチーム運営と選手に自己犠牲を強いる姿勢は消えつつありますが、ワールドカップ後に就任したマンチェスター・ユナイテッドではビッグクラブのチーム改革に頭を悩ませています。

知って得するサッカーコラム **監督編**

06
歴代日本代表監督

Japan coach

ザックからアギーレへ
日本代表の歩みはどこへ向かうのか？

　14年ワールドカップでのＧＬ敗退。アルベルト・ザッケローニ監督率いる日本代表の挑戦はあっけなく終わりました。さまざまな批判が飛び交う中、新たな監督に就任したのはメキシコ人のハビエル・アギーレ。母国メキシコをワールドカップのベスト16に2度導いた手腕の持ち主です。

　ザッケローニが残したもの、アギーレ監督が作り上げるものはこれから定まっていくはずです。ここでは、歴代の日本代表監督が残したものについて少しずつ触れていきましょう。

初の外国人監督オフト　日本サッカーが新たなステージに進んだのは、94年、カズ、ラモスを擁しワールドカップ(アメリカ)予選に臨んだオフトジャパンからでしょう。「ドーハの悲劇」として刻まれる最終予選では、オランダ人であるハンス・オフトが掲げたスモールフィールド、アイコンタクト、トライアングルの三種の神器が機能しました。本大会出場は逃しましたが、オフトはこれまでとは違うスタイルの新たな日本代表を導き出したのです。

ファルカン／加茂／岡田　ブラジルから来た黄金のカルテットの1人、ロベルト・ファルカンは就任直後のアジア大会で韓国に敗れ解任。外国人監督とのコミュニケーションの齟齬を理由に次を託されたのは日本人の加茂周でした。加茂は自身が名づけた「ゾーンプレス」でモダンサッカーに取り組み、98年ワールドカップフランス大会のアジア最終予選に臨みました。しかし、アウェイのカザフスタン戦がドローに終わるとそのまま更迭され、岡田武史コーチが昇格の形で監督に就任しました。イラン代表との第3代表決定戦で「ジョホールバルの歓喜」に沸いた岡田ジャパンは極めて冷静な判断の下、守備に重点を置く戦略で初の本大会に出場するも結果は3戦全敗。スコアを見て善戦とする向きもありますが、点差以上に世界との差を感じた大会になりました。岡田はその後、病に倒れたオシムの後を受けて再登板。10年の南アフリカ大会では直前の戦術変更でチームを立て直し、ベスト16に進みました。

トルシエ　第一期岡田ジャパンの後を受けたフィリップ・トルシエは、自身のオリジナル戦術「フラット3」を武器に、コンパクトでスピーディーなサッカーを展開しました。02年地元開催のワールドカップ・日韓大会ではノルマであるＧＬ突破。ベスト16と躍進しました。

ジーコ　しばしば協会と軋轢を生んだトルシエが去り、日本サッカーを支え続けたジーコが監督に就任します。選手を信頼してモチベートに回るスタイルは、監督経験がないことからも無策だと批判を浴びました。06年ドイツ大会は1分け2敗と惨敗。代表のバトンはイビチャ・オシムに託されました。

オシム　考えて走るサッカーを標榜するオシムは、日本に多くの教えを残しました。志し半ばで病に倒れましたが、彼の言葉とチームとしての骨格は第二期岡田ジャパンに引き継がれました。

知って得するサッカーコラム　監督編

07 ビセンテ・デルボスケ
（スペイン）
Vicente Del Bosque González

好々爺は希代のモチベーター

　現役、指導者時代の大半をレアル・マドリードで過ごしたデルボスケは指導者としてもリーグ２回、チャンピオンズリーグ２回、スペイン代表監督として10年ワールドカップでの初優勝、ＥＵＲＯ2012制覇と、近年最もタイトルに恵まれた監督となりました。14年のブラジル大会では長期にわたった黄金期の終焉を感じさせる結末となりましたが、温和な表情の通り、選手たちを導き、正しくモチベートする能力は彼が積み重ねてきた結果が示すとおりです。

08 ヨアヒム・レーブ
（ドイツ）
Joachim "Jogi" Löw

名参謀から名監督へ

　04年からクリンスマン監督の右腕として戦術面をサポートしていたレーブは、06年のワールドカップ終了と同時にクリンスマン体制を引き継ぎました。すでに2年間、チームの戦術、戦略を担当していたレーブは、プレースピードを秒単位で表すなど、さまざまなデータを具体的に選手に示して、コンセプトの共通化を推し進めました。結果としてドイツ代表は2014年、南米大陸で開催のワールドカップを欧州勢として初制覇したのです。

09 ジョゼップ・グアルディオラ（スペイン）

Josep Guardiola i Sala

進化し続ける第三世代のバルサスタイル

　現役時代はバルセロナのピボーテとして中盤を仕切り、リーグ4連覇に貢献した「ペップ」ことグアルディオラは、自身もバルセロナのカンテラ（下部組織）の出身です。古巣の監督を務めた際には中心選手だったロナウジーニョ、エトー、デコよりも優先してチャビ、イニエスタ、メッシに代表されるカンテラ出身の選手を使い、初年度から3冠を達成しました。バルサBの監督時代に発掘し、トップチームに引き上げたセルヒオ・ブスケツを現役時代の自らのポジションに据えたことは、グアルディオラ最大の功績とまで言われています。

　バルサスタイルを知り尽くしているペップは、ボールを失ったらすかさずプレスをかけ、5秒以内に奪い返す。失敗した場合はチーム全体が下がりコンパクトな陣形を作りカウンターに対応するという「5秒ルール」を持ち込むなど、戦術的にも優れた監督です。まったくスタイルの異なるドイツ・ブンデスリーガでもバイエルン・ミュンヘンを短期間でプレッシングとパスサッカーのチームに変貌させ、CL制覇、クラブ初の3冠に導きました。バイエルンを新たな組織へと作り替えたペップは、自らの手腕がバルセロナという器に留まらないことを証明しました。ペップの薫陶を受けたバイエルンの選手たちはドイツ代表としてワールドカップでもパスサッカーを披露。オランダからスペインへと渡ったサッカー哲学がまた新世代の王者を作り上げたのです。

知って得するサッカーコラム **監督編**

適性を見抜いて育てる
永遠の日本代表監督候補!?

10
アーセン・
ベンゲル
（フランス）
Arsène Wenger OBE

　世界的な名将の中で、日本人が最も親近感を抱くのは、名古屋グランパスを率いた経験を持つベンゲルでしょう。今となっては、なぜベンゲルほどの監督が、遠く離れた日本にやってきたのか不思議ですが、本人の弁によれば、7年間もの長期にわたりモナコを指揮したことや、フランスサッカーの八百長問題などの影響もあり、欧州のサッカーシーンに疲れていたというのが真相のようです。いずれにしてもオファーのタイミングが合致して実現したベンゲルの来日は、日本のサッカーの進歩にも大きく貢献しました。

　その後、プレミアリーグへと活躍の場を移したベンゲルは、イングランドの名門アーセナルで1996年から現在に至るまで超長期政権を保っています。

　プレミアリーグでの長期政権といえば、27年間マンチェスター・ユナイテッドの監督を務めた"サー"アレックス・ファーガソンも有名です。ベッカム、ギグス、スコールズ、ニッキー・バット、ネヴィル兄弟などクラブ生え抜きのいわゆる「ファーギー・ベイブス」を育てたのに対して、ベンゲルは安くて有望な若手選手を移籍市場で獲得し、的確なコンバートや適性を見抜く育成を行うスタイルを取ります。同郷のヴィエイラやアンリをはじめ、ソング、フレブ、ロシツキ、セスクなど、若くしてベンゲルイズムに触れた選手は入団当初とは見違えるような選手に成長を遂げています。

世界の戦術・理論がわかる！最新サッカー用語大辞典

上級編
Expert

CONTENTS

- **42** ボトムアップ　関連用語 トップダウン
- **43** アドバンテージ　関連用語 プレーオン/流す
- **44** ゼロトップ　関連用語 偽の9番
- **45** ラテラル　関連用語 サイドバック
- **46** ダイレクトプレー　関連用語 ワンタッチプレー
- **47** コントロールオリエンタード　関連用語 ボールコントロール
- **48** ダイアゴナルラン　関連用語 消える動き
- **49** ティキタカ　関連用語 ロンド
- **50** マノン　関連用語 ターン
- **51** ライフキネティック　関連用語 認知的トレーニング
- **52** インテンシティー　関連用語 プレー強度
- **53** ピリオダイゼーション　関連用語 リカバリー(クールダウン)
- **54** ポリバレント　関連用語 ユーティリティー
- **55** コレクティブ　関連用語 ディシプリン
- **56** カテナチオ　関連用語 トータルフットボール

上級編 42 Expert

ボトムアップ

自ら考え、決断させる指導法
選手一人一人の自主性を引き出す

元々ビジネス用語として知られるボトムアップは、経営者の決断で仕事を進めるトップダウンに対し、従業員自らが提案して事業に積極的に参加する手法のことをいいます。サッカー界では広島観音高校の活躍によって、この手法が一躍注目を集めました。彼らは自主性を重んじ、試合のプランから選手交代に至るまで、作戦の一切を選手が自発的に行うスタイルでインターハイを制したのです。当時同校を率いていた畑喜美夫監督が提唱する指導法がサッカーにおいてはボトムアップ、ボトムアップ理論と呼ばれています。

サッカーはピッチの中で判断や決断を繰り返すスポーツです。瞬時の判断がチャンスを演出する競技の性格上、「指示待ち」の体質はデメリットにしかなりません。チーム全員が自ら考え、実行し、能動的に動く「自立した個」の集団であるために、選手たちに徹底した自発的行動を促すのがボトムアップ理論の特徴です。

特に育成年代では、監督、コーチのオーバーコーチング、保護者の過干渉が問題視されます。海外では、大会会場内にコーチも立ち入り禁止の「キッズゾーン」を設けるなど、大人は見守るという考え方がスタンダードになってきています。

最近では、ユース年代に限らず、ジュニアユース、ジュニア年代でも取り入れられています。

ポイント！ ボトムアップが目的ではない 選手の自立が最も大切！

ハーフタイムは成長のチャンス！

　ボトムアップ理論では、監督やコーチが進んで持論を展開しません。右のイラストはハーフタイム時に「ボトムアップボード」という作戦版を用いて行うミーティングの様子です。自分たちのプレーを振り返り、自分の意見だけでなく他者の意見に耳を傾ける時間が設けられます。ボトムアップを基本理念に企画された大会などでは、自チームの分析の後、相手チームもミーティングに加わり、意見交換の場が持たれます。選手たちは自主ミーティングにより試合を分析する目を養い、自発的に発言をするコミュニケーション能力を身につけます。

ハーフタイムや試合終了後に良かった点、悪かった点、改善したい点などを発表し合う。相手チームが加わることもあり、他方からの視点を知ることもできる

CHECK! 一緒に覚えたい関連用語
トップダウン　二者択一ではない

　ボトムアップ理論が広く知られていく過程で「ボトムアップかトップダウンか」という二元論が起きたことがあります。トップダウン型とボトムアップ型にはそれぞれ指導をする上でのメリット、デメリットがあり、どちらかが善でどちらかが悪ということではありません。

　監督、コーチが必要な情報をトップダウンで流し、それを受け止めた選手たちが自分たちなりに咀嚼して、意見を出し合う。ボトムアップ理論の提唱者である畑監督は、ボトムアップは目的ではなく方法論で、選手の自立が何より大切だと繰り返し説いています。

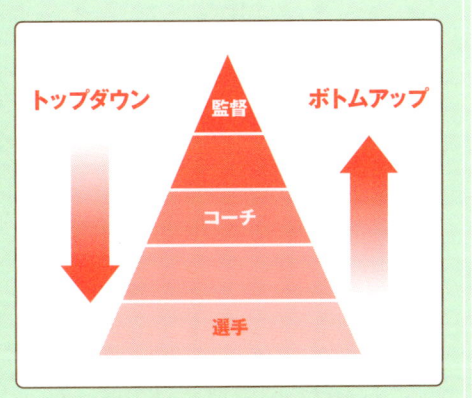

組織をピラミッドに見立てた場合、上から下に情報や指示が流れることをトップダウン、下から情報や意見が吸い上げられることをボトムアップという

上級編 43 Expert

アドバンテージ

ファウルでもプレーを続行 レフェリーがプレーを流す理由

あれ？　今のはファウルのはずなのにプレーが続いている？　「主審がプレーを流しています」と実況が流れる…こんな体験をしたことがありませんか？　この場面が明らかなファウルであれば、レフェリーはそれを認識しながらも、プレーを続けた方がファウルを受けたチームの利益になると判断して、アドバンテージを適用するのです。

つまりアドバンテージとはファウルが起きた時点でプレーを止めず、しばらくプレーを続けるルールの適用をいいます。レフェリーは「プレーオン」と宣言、シグナルを示しながらアドバンテージを見るわけですが、この時点でファウルが帳消しになるわけではありません。アドバンテージをとってもファウルを受けたチームの利益が実現しなかった場合は、数秒以内なら、遡ってファウルのあった地点からのFKで試合を再開することができます。ファウルが起きた時点でFKをとった方が有利になるのか、プレーを続けた方がチャンスになるのかの判断を求められるレフェリーにとっても難しい仕事になります。

こうした形のアドバンテージはサッカーだけでなくラグビーでも採用されています。どちらもゲームの「流れ」を重視するスポーツだけあって、プレーを止めずに公正にレフェリングを行う姿勢が見えます。

ポイント！ ファウルを受けたチームの利益の行方を確認してジャッジ！

プレーの連続性を理解して判断

レフェリーの立場でいうと、アドバンテージは、三つの段階を経て判断されることになります。一つ目はファウルが疑われるプレーが起きた時点の判断。ファウルかノーファウルかをジャッジし、ファウルの場合は周囲の状況を確認して、アドバンテージを適用するかどうかの二つ目の判断をします。三つめの判断はアドバンテージの解消の判断です。ファウルを受けた側のチャンスにつながらなかった場合、以前はアドバンテージ宣言後はプレーを戻せなかったのですが、現行ルールでは数秒以内であれば、ゲームを巻き戻すことができます。

ファウルが発生した場合でも攻撃側が優位な状況では、アドバンテージを取る。

プレーオン！
ファウル発生！

ファウルが起きた後、ボールがファウルを受けた側のチームの選手に渡り、FKよりも大きなチャンスにつながりそうな場合はレフェリーはアドバンテージを適用する

CHECK! 一緒に覚えたい関連用語

プレーオン／流す
プレーを続けることと流すことの違い

レフェリーはアドバンテージを適用する際には、手を使ったシグナルで選手や観客にアドバンテージを知らせます。さらに、このとき「プレーオン」と発声することが望ましいとされています。プレーオンの声とシグナルはアドバンテージの適用を宣言するものなので、ファウルとせず、そのまま流した場合に使用するのは間違いです。

ファウルではないと判断して、プレーの続行を認めている場合にはあえてレフェリーがシグナルを出す必要はありません。

プレーオン！

アドバンテージを適用する際には、レフェリー（主審）は大きく両手を広げて前に出し、プレー続行を示す

上級編 44 Expert

ゼロトップ

明確なストライカーを置かない
複数の適性を持つ選手を有効活用

点を取るという最終目標を委ねられたストライカーは、ある意味GK以上に特殊なポジションです。世界を見渡しても、絶対的な点取り屋はいつの時代も不足気味で、ビッククラブ間ではストライカー争奪戦が繰り広げられています。そのせいもあり、多くのクラブでは1人の天才的ストライカーに依存して点を奪おうというのが現実路線となっています。そのようなサッカーの象徴が明確なFWを置かないゼロトップというシステムです。ゼロトップを採用するチームも攻撃時はFWが

ピッチをワイドに使う3トップの形になります。通常の3トップ、または1トップとの違いは、中央に構える選手がCF然とした動きをしないことです。ゼロトップを語る上で欠かせない選手にイタリア・ローマのフランチェスコ・トッティがいます。彼はCFの離脱により苦肉の策として起用されたトップの位置で、ゲームメイク、セカンドトップとしてゴールを狙う役割を高レベルでこなし、新たな戦術を編み出してしまったのです。さらに、もう1人はバルセロナのメッシです。彼は中盤でボールを受けてもドリブルで仕掛け、どこからでも点を決めてしまう他、チームの特徴であるパスワークを活かすWG（ウイング）としての能力まで発揮してしまいます。

ポイント！ CFを置かないゼロトップ

ゼロが生み出す効果

　ゼロトップには、トッティのように複数ポジションの役割を担える選手が前後に移動することでＣＦの代わりをこなすローマのようなパターンと、メッシ個人の能力を、ＷＧやＳＢとの連動で活かすバルセロナのようなスタイルがあります。

　このシステムの中央を務める選手は、どちらの場合もゲームメイク適性を持った選手である必要があります。このポジションの選手は、１トップの位置に顔を出しつつ、機を見て中盤に下がりパスの組み立てに加わらなければいけないからです。

ゼロトップでは中央の選手はＣＦの位置に長く留まらず、中盤に下りてパス回しに参加する。このとき中盤は一時的に数的優位になる

CHECK! 一緒に覚えたい関連用語

偽の９番　スペースを演出する背番号「９」

　バルセロナでメッシが担うポジションをスペイン語ではファルソ・ヌエベ（偽の9番）といいます。ポジションごとに背番号を割り振ると9番はＣＦを表しますが、従来のＣＦの役割には留まらず、他の選手が使うスペースを作り出すため、こう呼ばれるのです。バルセロナでは、偽の9番が下がって、相手ＤＦを釣り出してできたスペースを両サイドのＷＧが使います。ＷＧには外からのクロスだけでなく、中に切れ込むのに有利な逆足（左サイドに右利き、右サイドに左利き）の選手が配置されるため、ＷＧが得点を量産することもあります。

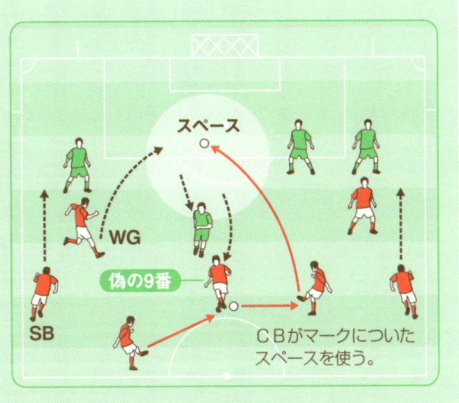

偽の9番が下がってできたスペースに左ＷＧが走り込む。後方には左ＳＢも控えているため、相手のＳＢはＷＧにつききれない

上級編 45 Expert

ラテラル

その国の文化を映すサッカー用語
言葉によって変わるSBのスタイル

ラテラルはスペイン語やポルトガル語（ポルトガル語ではラテラウと発音）で「側面の」という意味を持ち、サッカーにおけるSBを表す言葉です。ボランチの項でも触れましたが、日本にはさまざまなサッカー用語が、その国のスタイル、とらえ方と一緒に入ってきます。

ラテラルは、日本と縁が深く、日本リーグ時代から多くの選手が活躍するブラジルと、近年日本でも多くの人が観戦するようになったスペインリーグ、リーガエスパニョーラの影響を強く受けた言葉です。スペイン、ブラジル両国ではSBのポジションを指してラテラルと呼んでいるのですが、こと日本においてはSBとラテラルとでは少しニュアンスが変わります。ラテラルはSBより攻撃的で相手陣内のタッチラインまで積極的にカバーするイメージです。国ごとにポジションのとらえ方や考え方、実際の動き方も変わり、こうしたニュアンスの違いが生まれるのです。

外国のサッカーに学ぶ傾向が強い日本ではポジションや概念が混同され、時に言葉による弊害の指摘もありますが、SBとラテラル、MFとボランチ、アンカー、ピボーテの微妙な違いを嗅ぎ分け、理解しようとする繊細さは日本文化の良さであり、日本のサッカーをより豊かにしてくれる可能性を持っています。

ポイント！ スペイン語、ポルトガル語でサイドバックを表す

側面で輝くラテラル

　サイド"バック"と表現した場合は、どうしてもディフェンスエリアに後ろ髪をひかれてしまうのが人情でしょう。ラテラルも実際は守備をしなければいけないのですが「側面の」という名前が表すように主戦場はタッチラインにほど近いアウトサイドの前線エリアになります。

　ロベルト・カルロスやダニエル・アウベスなどブラジル人の超攻撃ラテラルの多くはスペインで輝きを放ちました。欧州のトップリーグであっても、リーグによってサッカーの指向性は大きな違いがあります。攻撃に特徴を持つスペインでは、ラテラルには守備の役割よりも多くの攻撃的タスクが任されます。

中央で攻撃の組み立てを試みる展開。ラテラルは高い位置取りから、最前線にフリーランニングを開始。下図のようにサイドからクロスを上げる基本の動きに加え、MFの落としを受けて中に切れ込み、シュートを狙うのもラテラルの担う役割だ

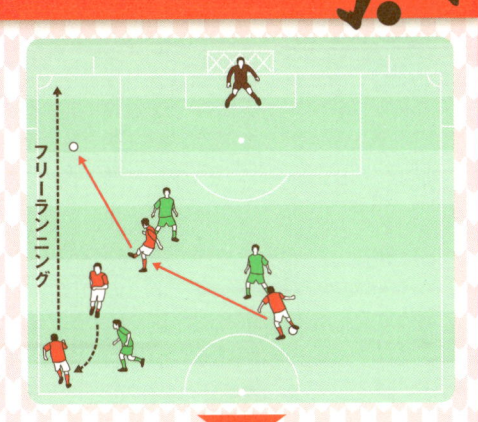

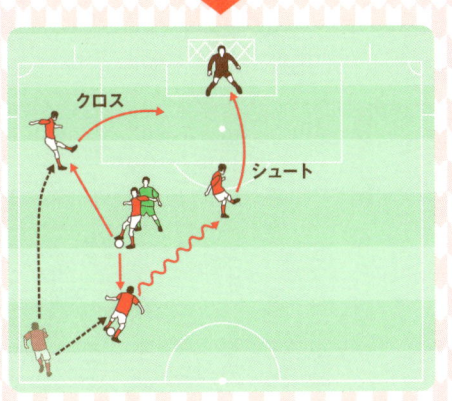

CHECK! 一緒に覚えたい関連用語

サイドバック　世界で活躍する日本人SB

　一方、守備、攻撃の両局面に豊富な運動量で参加する日本のSBプレーヤーたちは、いまや日本人が世界で「計算の立つ」SBとして重用されています。

　インテルの長友をはじめ、ブンデスリーガで活躍する内田篤人、酒井高徳、酒井宏樹などは、チームのコンセプトをよく理解し、絶えず上下動を繰り返す理想的なSBとしてそれぞれの指揮官から絶賛されています。攻守のバランスが取れていて、戦術理解度も高い日本人プレーヤーの特徴がこのポジションの役割に合致して、世界に活躍の場を広げています。

上級編 46 Expert

ダイレクトプレー

ワンタッチプレーとの違いに注意 ダイレクト＝ノートラップではない

サッカー用語の中で最も誤用の多い言葉といえそうなのが、このダイレクトプレーです。ダイレクトプレーとは、本来、シンプルにゴールに向かうプレーのことをいいます。「ダイレクトボレー」「ダイレクトシュート、パス」など、ボールをトラップせずに扱うワンタッチプレーが「ダイレクト」の部分と重なるために、混同している人も多いのではないでしょうか。

英語のダイレクトには「直接」という意味の他に「まっすぐに」「直行的に」という意味もあります。ダイレクトボレーが飛んできたボールを「直接」ボレーするプレーなのに対し、ダイレクトプレーはゴールに「直行的に（最短で）」向かうプレーになります。また、ゴール前の密集地で手数をかけない方法としてワンタッチプレーが多用されることもこの言葉の誤用を助長しています。ワンタッチでボールをさばくことは確かにスピーディーな攻撃につながりますが、シンプルにゴールに向かうプレーとは別のことです。指導者が「ゴールに向かう崩しのプレー」を求めてダイレクトプレーを促しているのに、選手の方はワンタッチで自陣に戻すシンプルなプレーを続けている…というような齟齬が起こりかねません。特にアタッキングサードでのダイレクトプレーとワンタッチとの区別は明確にすべきでしょう。

ポイント！ 直行的にゴールへと向かう 得点に直結するプレー

124

ワンタッチとは限らないダイレクトプレー

ゴール前のダイレクトプレーといわれると、ワンツーのパス交換やトラップしないワンタッチのポストプレーを思い浮かべるかもしれません。しかし、実際のダイレクトプレーは、ゴールに向かっていくプレーのことを指しますから、必ずしもワンタッチではありません。つまりドリブルでゴールに向かう選択肢もダイレクトプレーに数えられます。

ワンタッチプレーがボールにタッチする瞬間を指すのに対して、ダイレクトプレーは最短でゴールに向かう一連の動きやプレーのことを表現するという違いもあります。

ダイレクトプレー

自分より前にいるFWにパスを出す。このパスもダイレクトプレー。パスを受けた選手はドリブルで仕掛けるダイレクトプレーを選択

CHECK! 一緒に覚えたい関連用語

ワンタッチプレー　ノートラップでするプレー

右の図はワンタッチプレーが連続している様子です。この状況をダイレクトでボールを扱って回しているという意味でダイレクトプレーと表現してしまう人も多いのですが、DFのプレッシャーが弱い状態でボールを戻す選択はダイレクトプレーとはいえません。

ただし、多くの場合、フリーの選手に手数をかけず、早くパスを出したいとき「ダイレ！」「ダイレクト」と味方からのコーチングがあれば、これはノートラップで直接ボールを出すという意味なので注意が必要です。

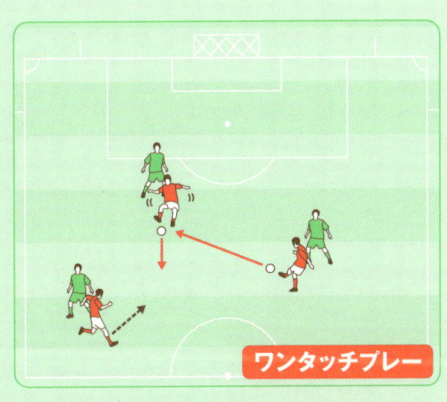

ワンタッチプレー

パスを受けるFWはワンタッチではたいてゴールに遠い味方にパス。この場合はワンタッチプレーだがダイレクトプレーではない

上級編 47 Expert

コントロールオリエンタード

なぜそこにボールを置くのか？
次のプレーを定義するファーストタッチ

サッカーの基本技術は「止める・蹴る・運ぶ」の三つだと言われます。実際のプレーに置き換えると、それぞれ、トラップ、パス（またはシュート）、ドリブルですが、トラップを「止める技術」と言いきるのは少し古い考えになりつつあります。

コントロールオリエンタードとは、スペイン語で「方向づけをしたボールコントロール」という意味です。プレー中は人もボールも常に動いているため、ボールを完全に足下で静止させる「ボールストップ」を使う機会はほとんどありません。現在では日本でも子供たちに技術を教えるときにトラップの場所、さらにファーストタッチ、ファーストコントロールの重要性を説く指導者が増えました。

コントロールオリエンタードはファーストタッチとその次のアクションを一体にするための方向づけのことです。広い視野を確保して、シュートやドリブル、パスのコースをできるだけたくさん得られる位置にボールをコントロールする。シャビやイニエスタ、ブスケツなどのバルセロナの選手たちが中盤で見せる多彩なボールさばきの源になっていると言われる技術です。

コントロールオリエンタードの概念が理解できれば、一流選手たちが「なぜファーストタッチでボールをそこに置くのか」が見えてくるはずです。

ポイント！
方向づけのボールタッチ
ファーストタッチ＋次のプレーの準備

ファーストタッチでラインを突破

コントロールオリエンタードをうまく使いこなせれば、ファーストタッチによるボールの方向づけだけで相手のプレッシャーをかわし、ボールを前に進めることができます。

初心者はトラップの練習方法として行う、対面パスの際、ボールに正対して体の正面で止めてしまいがちですが、コントロールオリエンタードを意識したコントロールでは、ボールを半身で受けます。右図の例のようにDFラインでの横パスに対して半身で受けることで、視野が広がるだけでなく相手選手と正対でき、ファーストコントロールでボールを置ける範囲も広くなるのです。

GKからのビルドアップ。DF同士のパス交換で、右から来たボールを左足で受ける。右足でなく左足で受けることで、相手選手のプレッシャーをかわしつつ左前のスペースにボールを進め、ラインを一つ上げることができた

CHECK! 一緒に覚えたい関連用語

ボールコントロール　状況に応じたコントロール

日本では大ざっぱにトラップを一括りにしていますが、ピッチではさまざまなコントロールが必要です。コントロールオリエンタードはスペースを意識したものです。ボールを足下にピタッと止めるプレーと区別しましょう。

コントロールオリエンタード　スペース

ウェッジコントロール　ピタッ

右の図はトラップの語源となったウェッジコントロール。ボールに罠を仕掛けているように見える

上級編 48 Expert

ダイアゴナルラン

ボールを引き出す斜めの動き
オフザボールの基本中の基本

ダイアゴナルは斜め、ランは走るの意味ですから、直訳すれば「斜めに走る」ということになります。プレー経験のある人はこれでピンとくるかもしれませんが、サッカーでは攻守両面で斜め方向の移動がとても重要になります。

ダイアゴナルラン、またはダイアゴナルな動きは、攻撃の際にマークをはがしてスペースを突く動きのことです。この場合は主にオフザボールの動きを指し、ボールを持っていない選手が、相手守備ブロックを分断するようにピッチを斜めに走ることをいいます。

ダイアゴナルランは斜めに走ることで相手DFにマークの受け渡しを強制的にさせるプレーです。ダイアゴナルというキーワードは守備時の重要用語としても認知されています。元日本代表監督ザッケローニが守備の個人戦術として徹底しようとしたのがディアゴナーレです。これはダイアゴナルのイタリア語表現ですが、ボールホルダーに対してDFがプレッシャーをかけに行くとき、空いてしまうスペースを埋めるために他のDFが自陣斜め後方に下がる動きのことです。スペースを埋めたDFが空けたスペースをさらに別のDFが埋め、その連鎖で相互に補完する守備がスカラトゥーラ(連鎖)という言葉と共にザッケローニ就任直後に話題になりました。

ポイント！ 斜めの動きで攻守の連動開始！
ディアゴナーレは守備の用語

斜めの動きは攻撃のスイッチ

　前線の選手の足が止まり、パスを引き出す動きがない場合は、後方からのビルドアップも実りません。パスを引き出すために、オープンスペースを活かす、もしくは作る必要がありますが、ダイアゴナルランはこれに最適な動きなのです。右図のようにディフェンスが守備ブロックを作る状態でもゴール正面に向かうダイアゴナルランで、ボランチとCBのマークの受け渡しに混乱を引き起こすことができます。この斜め方向へのフリーランニングが引き金となり、守備の算段を乱すきっかけが生まれます。サッカーではこのようなプレーを「スイッチ」と呼びます。

　守備体制が整った状態。ボールホルダーの横にいた選手が外側から中央にダイアゴナルランを開始。元々この選手をマークしていたＭＦもついていくが最終ライン付近では、ＣＢとマークを受け渡す必要性が生じる。斜めの動きに対応するＣＢの動きによってできたスペースを周囲がうまく使う

CHECK! 一緒に覚えたい関連用語
消える動き
ゴール前でFWが見せる魔法

　ボールの位置を目視するＤＦの死角とダイアゴナルランを組み合わせれば、「消える動き」ができます。バックステップからダイアゴナルランで背後に回り込まれるとDFはボールとマークを同時に視界に収められないため、マーカーが消えたように感じるのです。

上級編 49 Expert

ティキタカ

スペインのパスの美学が息づくポゼッションサッカーの源流

ティキタカはショートパスを主体に、たくさんの選手を経由しながらボールをつなぐプレースタイルのことを指します。なぜティキタカというかについては二つの説があります。一つは時計の針が動く様子をチクタク、チクタクというように、パスが行き交う様子をティキタカ、ティキタカと、擬音で表したという説です。もう一つは、スペインで売っているアメリカンクラッカー『Tiqi-taka』の商品名に由来するというものです。どちらの説が正しいのかはわかりませんが、ショートパスとポゼッションの国、スペインならではの独自の表現であることは間違いありません。

ティキタカが世界に広く知られるようになったのは2006年のワールドカップ・ドイツ大会からです。スペイン代表の流れるようなパスワークを実況していたアナウンサーがティキタカと表現したことが最初といわれ、サッカー用語としての歴史はそう深くありません。

トライアングル、ダイアゴナルランなどを駆使して、パスでボールを保持し続ける美学。ポルトガル、スペイン語圏内では、パスがつながり出すと自然発生的に「オーレ」のかけ声がスタンドから上がりますが、こうしたプレーに対する賞賛がティキタカと形容されるスタイルを作り上げたのかもしれません。

ポイント！ ショートパスをつないで回すスペイン風スタイルを表現

ポゼッションと勝利

「マイボールの内は相手に点を奪われない」クライフから始まったバルサスタイルがスペインサッカーの代名詞になりましたが、このスタイルは「ポゼッションだけではゴールは奪えない」というジレンマと隣り合わせでもあります。

ポゼッションしつつ、常にゴールに向かうのがティキタカだとする信奉者もいますが、スペイン代表でさえ歯車が狂えば、ボール支配率だけを残してピッチを去ってしまうのです。ティキタカは個人の素晴らしい技術と、ゴールにつながる戦術を要する高度なサッカースタイルなのです。

ティキタカ — トライアングルを作ってパスを回す

ティキタカを実現するのは常に複数のパスコースを確保するトライアングルを意識したポジショニングとパスを想定したコントロール

CHECK! 一緒に覚えたい関連用語

ロンド 「鳥かご」に似た究極のパス回し

ティキタカとセットで語られるのがパスの練習法のロンドです。日本でいう「鳥かご」「ボール回し」とは少し違い、代表的なロンドは、6対4で行うミニゲームのようなものです。実際は4対4にフリーマン2人を加えてゲームを行いますが、攻撃側となる6人(フリーマン込み)はタッチを制限してボールを回します。

「鳥かご」に近い4対2のロンドも、スペインでは菱形に配置します。これにより、CB、SB、ピボーテのトライアングルを意識したパス回しができるようになるのです。

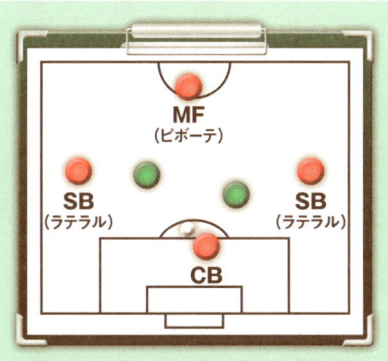

MF(ピボーテ)
SB(ラテラル)　**SB**(ラテラル)
CB

図のようにCB、SB、MFを菱形に配置してパス回しの練習をすると、自然にそれぞれがトライアングルを意識したパスを出すようになる

上級編
50
Expert

マノン

プレー中の共通理解を図るかけ声、言葉の大切さ

　マノンは、言葉の響きから、かつて日本が育成システムを学んだフランス語のようにも聞こえますが、実はこれは英語のMan onを縮めた言い方です。では、なぜマノンではないのでしょうか? それは日本サッカー協会が味方選手へのコーチング用語の一つとして「マノン」を推奨しているからです。とっさのコーチングに「後ろにマーク来てるよ」では長すぎるため、なるべく短く縮めた「マノン!」となったわけです。
　こうしたコーチング用語の統一は、選手や指導者が思い思いの言葉で伝えるのではなく、共通語を用いた方が効率が良いという指針から誕生しました。2000年代前半には「フリーだから振り向け」という意味の「ターン」とセットでよく聞かれた言葉ですが、マノンという言葉の響きの問題なのか、現在ではあまり聞かれなくなってしまいました。マノンが適当かどうかはさておき、組織的なサッカーを実現するためには、チーム全体でビジョンを明確にして共通理解を増やしておく必要があります。そういう意味では言葉のチョイスの是非はあるにせよ、協会の取り組みは日本サッカーのコーチング用語基準を示すものだったといえるわけです。言葉が変わればプレーも変わる。サッカー用語を正しく理解すればプレーに役立てることができるのです。

ポイント! 背負ってる! マーク来てる!
短く伝えるMan on(マノン)

状況とプレー判断を伝えるコーチング

「マノン」が今後定着していくかどうかはわかりませんが、選手が正しく理解すれば効果的な情報伝達手段になることは間違いありません。背後の状況がわからないパスの受け手に、前を向いている味方選手が「マノン！」と声をかけた場合は「相手のマークが近くにいること」「ターンをして前を向くより、キープかパスを選択した方が良いこと」「近寄ってくる守備者とボールの間に体を入れなければいけないこと」、声を出した方の選手は「サポートに行かなければいけないこと」など、たった一言のコーチングで、さまざまな注意点が伝わるのです。

パスの受け手には見えない背後の状況を別の選手がコーチング。マノンのかけ声で、パスを受けた選手のプレー選択が変わる

CHECK! 一緒に覚えたい関連用語

ターン　フリーだから振り向いて進め！

　マークがいない状態を表す「ターン」は、マノンよりも普及が進んでいます。

　次のアクションをイメージしやすい「ターン」は、フリーならば前を向き、ボールを進めるサッカーの原理原則に従った言葉といえます。

　コーチング用語としてのターンは、「ターンしろ」という命令ではありません。状況を補完してもらうとはいえ選択権はあくまでもボールホルダーにあるので、実際は「ターンできるよ」くらいのニュアンスです。他に効果的なプレーがあればターンをしなくても問題はありません。

くさびのボールを入れたとき、マークはまだ後方に。味方はターンできるスペースがあるぞという意味で「ターン！」と声をかける

上級編 51 Expert

ライフキネティック

ドイツが採用する最新のトレーニング理論

ライフキネティックは2014年のワールドカップで歴代2位タイとなる4度目の優勝を飾ったサッカー大国ドイツで取り入れられている最新のトレーニング理論です。

ユルゲン・クリンスマン元監督が取り入れたこの理論は、体だけではなく、脳による認知や、脳と体をつなぐ神経を鍛えるメソッドとして注目を集めています。

サッカーでは、どんなに優れた体を持っていても、ボールとの親和性、状況の認知と判断する力が総合的に発揮できないと一流プレーヤーにはな れません。体幹などを鍛える筋力系トレーニング、コーディネーション、アジリティーの能力を高める神経系トレーニング、メンタルトレーニング、視覚に関するビジョントレーニングなど、さまざまな方法がありますが、ライフキネティックは脳へのインプットと体へのアウトプットを円滑につなぐパフォーマンス向上のメソッドです。

ライフキネティックでは、手でバスケットボールをドリブルしながら、足ではサッカーボールを扱うといった、複数の異なる動きの組み合わせで視覚や情報のインプット、その処理能力、身体動作を総合的に強化します。こうした革新的なトレーニングが今後、サッカーをさらにハイレベルなものにすると言われています。

ポイント！ 感覚器からの情報を脳で処理 身体動作へと連係させるメソッド

認知、判断、実行する力を鍛える

サッカーインテリジェンスという言葉がありますが、優秀な選手は、周囲の状況を把握する能力が高く、ピッチを俯瞰するかのようにプレーしています。彼らはゲーム中の状況の認知、判断、実行のプロセスが一瞬で行える力を備えているのですが、近年、この能力を鍛えることで、サッカーインテリジェンスを高める試みが盛んです。

認知の部分では、特に視覚を経て脳に伝わる認識能力を高めるのが重要です。自分と相手DF、そしてボールとの距離を把握する空間認識能力や、いわゆる広い視野の根拠となる、左右の目を柔らかく使える周辺視野能力。情報を収集するためのこれらの能力から得られた情報を素早く処理することが判断の速さにつながります。脳で処理された情報を体にアクションとして伝達するのは、神経回路。この神経回路もトレーニングで刺激できれば、素早いプレー実行につなげることができると言われています。

プレーのメカニズム

認知する	情報を収集する
↓	
状況を把握する	視覚などから得た情報を吟味、選択肢を挙げる
↓	
判断する	経験や記憶などから最適な選択肢を選び出す
↓	
実行する	選択したプレーを体を操作することで実行

「優秀な選手は首を振る」と言われるが、レーダーのように周囲を目視して、情報を収集することで、より良い判断を下せる

CHECK! 一緒に覚えたい関連用語

認知的トレーニング
認知能力を高めるトレーニング

サッカーの認知的トレーニングは、オフザボールや、ボールを受ける動きの質に関係した状況判断力や、ディフェンスで相手の先を読む予測力を高めるためのものです。

練習中にプレーを止めて、判断の検証を行うフリーズトレーニングのほか、試合映像を使ってプレーを吟味するトレーニング方法があります。シチュエーションによってパターンが無限にあるサッカーでは、認知、判断を外からの刺激で改善させるのは難しいのですが、より良いプレーを観ることで認知能力を鍛えることができます。

上級編 52 Expert

インテンシティー

ザッケローニの発言で注目された「強度」を示すサッカーの現代語

外国語のニュアンスを正確に把握するのは、一般の会話においても難しいのですが、サッカー用語のように使用する環境やシチュエーションによってその本来の意味以上のものを含む言葉を理解するのはさらに難しいことです。インテンシティーとは強度という意味を持つ英語です。サッカーの世界でインテンシティーといった場合には、1試合に数百回と繰り返す上下移動によるスプリント、増える一方の走行距離や運動量などの要素の負荷の大きさをまとめて表現しています。インテンシティーについてメディアに語ること

も多かったザッケローニ元日本代表監督が「インテンシティーが高いときは良い結果が出ている」と言えば、運動負荷が高い状態、回転数が高い状態を保てたときは良いサッカーができているという解釈ができます。

ザックは「インテンシティーが発揮される」といった使い方もしていますが、こちらの方はザック以前にも欧州で一般的に使われていた「激しさ」「強烈さ」といった"強度の強いプレー"を指します。強度と一口に言っても、身体接触を伴う激しいプレーだけを表現するのではありません。連動性や連続性のあるプレー、それに伴い心拍数が高い状態で推移するプレーなど、さまざまな強度をインテンシティと呼んでいるのです。

ポイント！ プレーの強度、激しさ 連動性、連続性のある状態

効率を上げるトレーニングの強度

　現在の指導の現場では、トレーニングのインテンシティーという言葉も使われはじめています。これは、トレーニングのプレー強度を上げることで試合に近い状態を作り出すという意味で使われています。

　限りなく100％に近い出力状態でトレーニングを行うことで上達が可能になります。どんなに優れたメニューを用意しても試合と同等か、それに近い負荷やプレッシャーがかからなければ、練習には意味がありません。ルーティンワークになりがちな日常のトレーニングでいかにインテンシティーを高く保てるかが、内容の濃い練習をするための鍵になるというわけです。長時間だらだらと練習するよりもインテンシティーの高い短時間のトレーニングの方が効果的かつ体への負担を減らせることから、インテンシティーを上げる、インテンシティーの高い練習が求められるようになっているのです。

心拍数が上がった状態というのもインテンシティーが高い状態の内の一つ。高心拍数の状態では、技術や判断にも影響があるとされる。実践的なトレーニングで心拍数を上げ、インテンシティーの高い状態でプレーするトレーニングが求められている

CHECK! 一緒に覚えたい関連用語

プレー強度　激しさから得られる技術

　「日本人選手のテクニックは世界トップクラス」。これは以前から言われ続けていることで、事実、海外移籍した多くの選手が、クラブで一番うまい！というお墨つきを得ています。しかし、これはトレーニングでのこと。

　海外トップの国々との差は、プレー強度の違いだと言われます。日本は守備、特にプレスの仕方が未熟でプレー強度の高い状態が作り出せないとの指摘があります。ザッケローニ元監督が度々「インテンシティー」を口にしたのも、実戦で発揮できる本物のテクニックを求めていたからなのかもしれません。

上級編 53 Expert

ピリオダイゼーション

コンディショニングと絶好調を試合に合わせるピーキング

2014年に行われたワールドカップで、日本代表はグループリーグ敗退となりました。その原因の一つにワールドカップに臨むコンディショニングの失敗が挙げられています。試合や大会でベストのパフォーマンスをするためには、コンディションの調整が不可欠です。

ピリオダイゼーションは、コンディショニングの期間をいくつかのピリオド（短い期間）に分け、目的や目標達成度、成長度に合わせて長期的な視野でとらえる考え方です。

サッカーのピリオダイゼーションは、オランダのサッカー指導者、レイモンド・フェルハイエンが提唱したもので、フース・ヒディンクの率いた韓国代表をはじめ、バルセロナ、チェルシー、マンチェスター・シティなどのビッグクラブでも導入され、華々しい成果を挙げています。

ピリオダイゼーションでは、トレーニング期間内の練習量や強度を理論的に調整します。適正な負荷に加え、適度な休息を取ることでオーバートレーニング、不要な故障から選手を守り、効率的にトレーニング効果を上げられる理論として、評価を高めているのです。

長期的展望に立ってコンディションを管理することでパフォーマンスのピークを試合に合わせる的確な「ピーキング」が可能になるのです。

ポイント！ 長期計画でパフォーマンスアップ
期分けされた段階的トレーニング

重要度を増すコンディショニング

コンディショニングに失敗したと言われる日本代表は、国内合宿、フロリダ合宿で体を追い込みすぎたと指摘されました。身体的に追い込む時期は必要なのですが、ピリオダイゼーションでは、いつ？　どのようにして？　が大切になります。

代表は常設チームではありませんが、1年間のトレーニングをいくつかの期に分けたとき、必要な時期に必要なトレーニングを行うための根拠となり、その方法を説くのがピリオダイゼーションです。

目に見える効果が得られた優れたトレーニング方法でも、同じ負荷で一定の期間行うと「高原（プラトー）現象」と呼ばれる停滞期間がやってきます。そこでピリオダイゼーション理論では、短期的には運動強度、練習量の増減による微調整を加え、長期的にはシーズンを通したパフォーマンスアップ、ケガの予防を実現するのです。

オフシーズン	プレシーズン	インシーズン	ポストシーズン
準備期	第一移行期	試合期	第二移行期
技術的なトレーニングよりフィジカルトレーニングを優先	サッカーに特化した動きと体力トレーニングを中程度の負荷で行う	サッカーに特化した動きと低負荷の体力トレーニングを継続	積極的休養とレクリエーション

コンディショニングでおろそかになりがちなのが休息を取ること。試合後のクールダウン、リカバリーに体を冷やすプールを使用する欧州のクラブも増えている

CHECK！ 一緒に覚えたい関連用語

リカバリー（クールダウン）　休息、回復と準備

理論抜きで感覚的にトレーニングを行うと、オーバートレーニングに陥りやすくなります。故障や痛みを抱えてのプレーはマイナスにしかなりません。激しい運動の後は、クールダウンの時間をとり、リカバリー（回復）に務める必要があります。

海外クラブでも試合の次の日は負荷の少ないプールでゆっくり体を動かしたり、試合直後に体を冷やす目的で水温の低いプールに入ったりします。

休息と回復を上手に取り入れることで、試合でピークパフォーマンスを発揮できるコンディションを維持するのです。

上級編 54 Expert

ポリバレント

現代サッカーを形容する時代を先取る「オシムの言葉」

ポリバレントは、元々は「原子価」などの数にかかわる化学用語ですが、イビチャ・オシム元日本代表監督が、「複数のポジションに適性がある」という意味で使うようになり、従来のマルチロール、ユーティリティー・プレーヤーと似た意味合いの言葉として定着しました。

マルチロールが「複数の役割」、ユーティリティー・プレーヤーが「有用な選手」から転じて、複数のポジションをこなす選手を指すのに対して、ポリバレントは「"ポリバレント"な選手」のように形容詞的な使われ方をします。哲学的なオシムらし

く、単にポジションを複数こなせるという意味ではなく、「選手としてのタレント、プレー特性の可能性が複数ある」という「概念」を化学的な言葉になぞらえた使い方をしています。

現代サッカーは、ポジションは変わらなくても1人の選手がいくつもの役割をこなさなければいけないシーンが頻発します。そのような場合、複数の適性がある選手を表現するのにポリバレントという言葉がぴったりです。

一方でマルチロールやユーティリティー・プレーヤーは物理的に複数のポジションに適応できる選手を表すことになります。偽の9番、ボランチやアンカーに求められる現代サッカーの多才は、まさにポリバレントです。

ポイント！ 複数ポジションへの適性 多面的な才を持つタレント

ボランチに求められるポリバレント

　ボランチ＝守備的な仕事をするMFという解釈が誤解だということはボランチの項で述べましたが、現代サッカーではなおさら守備に比重を置くタイプのボランチに対しても、パスセンスを求めます。

　数手先を読みながら、ゲームを組み立てるパスに、テンポアップのための縦パス、ボールを奪ってすぐにショートカウンターに移行するためのダイレクトプレー…。ボランチの選手にはとても一つのポジションとは思えないほどの役目があります。中盤でのパス交換、クロス、カットインからのシュートなどを求められるSBも同様です。現代サッカーでは、すべての選手がポリバレントでなければ務まらないのです。

ボランチの選手が積極的なプレッシャーでパスカット。すぐさま攻撃に移り、そのまま起点となるパス。以前はボールを奪えば攻撃的MFにつないで任務完了だったが、いまでは次の手を打つことも求められる

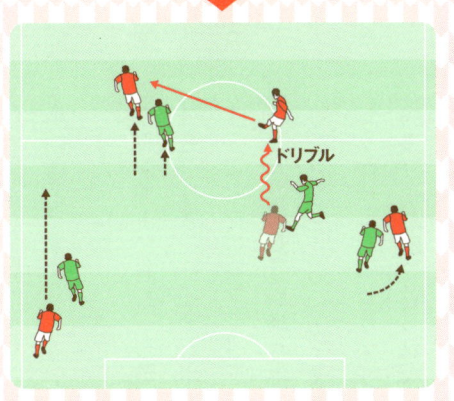

CHECK! 一緒に覚えたい関連用語

ユーティリティー　複数ポジションをこなす器用さ

　ユーティリティー・プレーヤーはサッカーに限らず複数の役割を果たせる選手のことをいいます。ポジションチェンジや選手の故障も珍しくないサッカーではこうした選手はシーズンを通して起用の機会も多く、重用されます。

　「器用貧乏」という言葉があるようにどのポジションでもこなせるのに控えの域を出ない選手もいますが、「スペシャリストかユーティリティーか」の時代は終わり、スペシャリストかつユーティリティーなプレーヤーが求められる時代になっています。

上級編 55 Expert

コレクティブ

個と個の連動によって生まれる組織的な力

コレクティブは「集合的な」「集団的な」という意味の英語から来ていて、攻撃や守備が組織的で、連動性のある状態のことをいいます。

一般的には「コレクティブなサッカー」という使われ方をし、組織が効率良く有機的に連動するサッカーのことを指します。コレクティブなサッカーを実現するためには、チーム全体がコンパクトで、連動性、連続性を保ちながら、一つ一つのプレーが関連することを心がけながらゴールに向かわなければいけません。

組織と連係しながら特徴を発揮する選手のことを「コレクティブなプレーヤー」と表現することもあります。

独力で突破するのではなく、周囲の選手との連係で良さが発揮できる、集団でのプレースキルの高い選手です。

また、前線にいるFWの個の力でゴールを狙うカウンターに対し、複数の選手が連動しながらパスをつなぎ、ハイテンポでゴールに迫るカウンターのことをコレクティブカウンターといいます。3人目の動きが繰り返され、4人目、5人目の動きが湧き出すような攻撃や、周囲と連動したプレーが続く、モビリティを失わないサッカーは、決まり事だけに縛られない新しい組織的サッカーの形といえるでしょう。

ポイント！ 連動性、連続性のある新しい組織的サッカー

コレクティブなディフェンス・チャレンジ

コレクティブなプレーは周囲と連動してボールを奪うディフェンス時にも多く見られます。どんなにボール奪取能力に優れた選手でも、1人で闇雲にプレッシャーをかけたのではパスでかわされ、ボールを追いきることはできません。ボールホルダーにプレッシャーをかける選手は1stDFとして、厳しくチェックに行きますが、別方向からアプローチするDFは、自分がマークする選手のケアもしなければいけません。このようにディフェンスの局面では、複数の選手が連係してプレッシャーをかけ、「コレクティブに」ボールを奪う守り方が主流です。

3rd DF 左サイドのOFへのパスコースを切る位置に

1st DF ボールホルダーにアプローチ

2nd DF 右サイドのOFへのパスコースを切りながらボールホルダーにアプローチ

ボールホルダーに対して正面から1stDFがアプローチ。右サイドの2ndDFはマーカーへのパスコースを切りながら徐々に間合いを詰める。3rdDFは左サイドの選手に対応する

CHECK! 一緒に覚えたい関連用語

ディシプリン　組織サッカーに欠かせない規律

ディシプリンは、規律、統制を表す言葉です。チームが組織的にプレーするためには個人の戦術理解、そして戦術を遂行するための規律や、約束事が欠かせません。あらかじめ決められたチームの決め事やコンセプトを守る能力が高い選手のことを「ディシプリンがある選手」と呼び、評価します。

日本人プレーヤーが所属する海外のクラブや、Jリーグの外国人監督の評を聞くと、日本人選手は総じて真面目で「高いディシプリンを身につけている」と見えるようです。

攻守両面でハードワークが必要とされるSBのポジションに海外で活躍する選手が多いのも、戦術やチームの約束事を理解し、それを遂行できる能力を評価されているからでしょう。国民性もあるのか、圧倒的な個の能力を背景にプレーするアフリカ勢はしばしばディシプリンが足りないと言われますが、クラブレベルにおいてはディシプリンが重要視される中盤のポジションをアフリカ系の選手が仕切っているのだから不思議です。

ディシプリンは言葉のイメージからも厳格な規律の意味合いが強いのですが、現代の組織サッカーは、ディシプリンを前提としたコレクティブなサッカーが主流になっています。がんじがらめのルールに従ってロボットのように動くのではなく、自立した個が局面の打開のために即興的に連動してプレーしているのです。

上級編 56 Expert

カテナチオ

速攻を加えて開花した イタリア伝統の守備スタイル

かつてはゴールに閂(かんぬき：イタリア語でカテナチオ)をかけたかのような堅い守備をカテナチオと言いました。しかし、現在ではこの言葉に変化が生じています。イタリアに1930年代から伝わるというカテナチオの概念は弱いチームがなんとか試合を成立させるために用いた守備一辺倒の戦法でした。しかし、60年代にインテルを率いて欧州を席巻した名将エレニオ・エレーラによってカテナチオは、堅守速攻の攻守両輪を兼ね備えた戦術へと進化したのです。つまりカテナチオを説明する際は、堅牢な守備だけではなく、守備戦術をベースに素早く攻撃につなげるカウンターを併せて説明しなければいけないのです。

「守備を組織するだけなら誰でもできる」

バルセロナを率いて超攻撃的サッカーを展開した直後にインテルでカテナチオを「再構築」し、セリエAを3度制覇、欧州チャンピオンにもなったエレーラの言葉です。

フィールドプレーヤーの最後尾にスイーパーを置くカテナチオの代名詞的なシステムは、もはやイタリアでもほとんど見られなくなってしまいましたが、当時、グランデ(偉大)と称されたインテルが残したカテナチオは、サッカーの歴史を変えました。現在でもカテナチオはイタリアサッカーのメンタリティーにしっかり刻まれています。

ポイント! ゴールに閂をかける イタリアに根づいた堅守+速攻

守備の仕事人・スイーパー

カテナチオを語る上で忘れてはいけないのが、スイーパーです。エレーラの時代は4バックの後ろにスイーパーを置いたため、現在の3バック＋2WBに近いイメージになるでしょう。スイーパーを置くと、2人のCBが破られてもカバーに走ることができます。対人プレーを得意とするマンマーカーにカバーリング能力の高い1人が加わるので、閂と表現されるのもうなずけます。イタリア代表も3バックから4バックに移行して久しいのですが、イタリアといえば堅守。カテナチオの精神だけは脈々と受け継がれています。

2人のCBが2トップを密着マンマーク。スイーパーは状況を把握しやすい後方に。マークが外されたり、スルーパスが出てきたらスイーパーが左右に動いてスイープ(掃除)する

CHECK! 一緒に覚えたい関連用語

トータルフットボール —— オランダと世界を変えた戦術

カテナチオがその後のイタリアのサッカーを方向づけたように、トータルフットボールのスタイルはオランダ、そしてクライフを通じてバルセロナ、スペインのサッカーの行く末を決定づけました。ポジションにとらわれず、ワイドにピッチを使い、華麗にパスを回し相手を圧倒する。全員で攻撃し、全員で守備をするトータルなフットボールが現在のポゼッションサッカーの源流です。

このトータルフットボールを体現したとされるのが1974年に西ドイツで行われたワールドカップでのオランダ代表です。クライフを中心にポリバレントな選手をそろえていたオランダは、高い戦術眼を持ってポジションチェンジを繰り返し、ボールを前に進めていくサッカーを披露したのです。ローテーションしながらパスを重ねる攻撃、人ではなくボールにプレッシャーをかける守備は、21世紀にも通じるモダンサッカーの姿でした。当時「未来のサッカー」と言われたオランダ代表のサッカーは、40年の時を経て「現代のサッカー」となったのです。

当時の監督、リヌス・ミケルスとチームの中心にしてピッチ上の指揮者、ヨハン・クライフはトータルフットボールの体現者です。「美しく勝利せよ」の言葉にあるようにクライフは、そのプレーとセンスで、退屈な勝利よりも美しい敗北を好むというオランダのサッカーを定義づけたのです。

知って得するサッカーコラム　組織編

サッカーを観る目を養うために必要なことはたくさんありますが、ピッチで起きるさまざまな現象を読み解くヒントになるのは各チームがどんなシステムを採用しているかということです。システムと似た言葉にフォーメーションがあります。両者の違いは、原因と結果とでも言えばいいでしょうか。戦術に沿って選手を動かすための構造がシステム、システムを遂行しようとした結果、求められる選手の配置のことをフォーメーションといいます。

ルールや歴史と共に移り変わってくシステムとフォーメーション。ここでは代表的なフォーメーションを図解で振り返りながら、そのシステムやサッカーの内容について見ていきましょう。

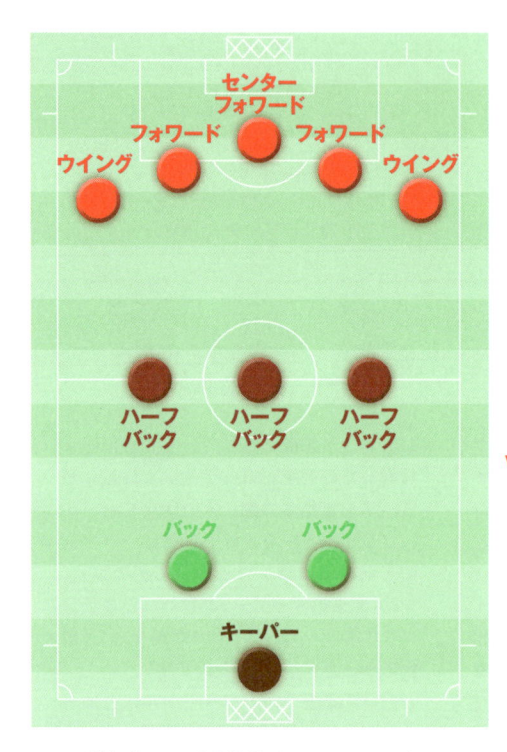

01 Vフォーメーション（2-3-5）

（図：センターフォワード、フォワード×2、ウイング×2、ハーフバック×3、バック×2、キーパー）

19世紀初めに近代的なサッカーが成立してから、サッカーはいくつかの大きな変革を経験しました。1900年頃のサッカーは、図のようにVフォーメーションと呼ばれる2人のバックに3人のハーフ、5人のFWが並ぶ2－3－5の形が主でした。最後尾から3人目のラインをオフサイドとする3人制ルールが採用されていたので、ＤＦは2人で十分でした。

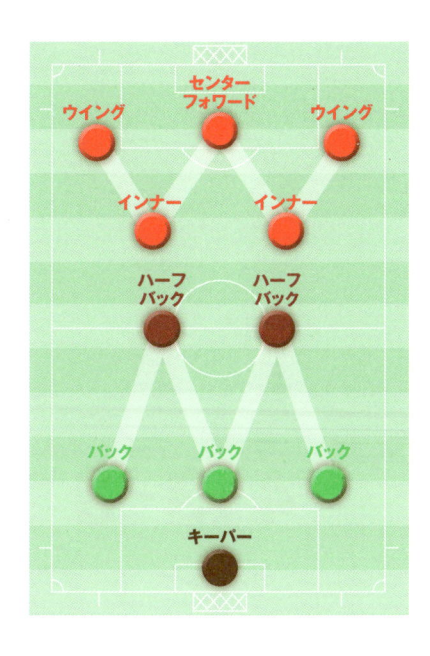

02
WMフォーメーション (3-2-5)

続いて登場したのが、アーセナルのハーバート・チャップマンが考案したWMフォーメーションです。2人制オフサイドの採用と共にDFは3人になり、インナーが担うポジションを中盤と見なせば、3−4−3の原型ともいえるこのシステムはサッカーに連動性をもたらした画期的システムです。数十年にわたって多くのチームで採用され、世界の主流システムとなりました。

03
4−2−4

WとMの文字を組み合わせたように並ぶWMフォーメーションに対抗して1958年ワールドカップで誕生したのがブラジル代表の4−2−4です。中盤に配置された2人のハーフバックが攻守両方に参加し、WMに対して数的優位を作ります。このように、主流となるフォーメーションを打ち破るために新たなフォーメーションが生まれ、システムが構築されていくのです。

知って得するサッカーコラム 組織編

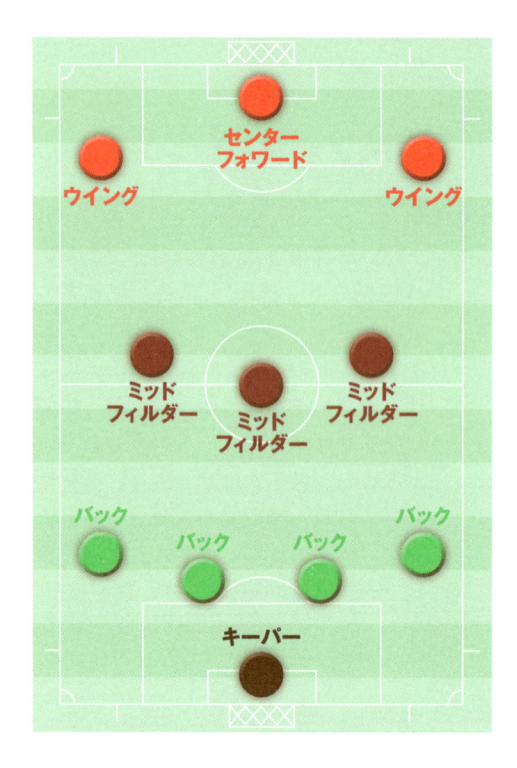

04
4-3-3

フィールドの図:
- センターフォワード
- ウイング（左右）
- ミッドフィルダー（3人）
- バック（4人）
- キーパー

　ルールが定まる前のサッカーは、プレー人数も定まっておらず、幼児が興じるときの「お団子サッカー」並みにボールとゴールに人が殺到するものでした。サッカーの進化に合わせて大きく変わったのが、守備の方法です。4－2－4では中盤の2人が戦術的に重要な役割を果たし、ミッドフィールドでゲームを構成する考えと共に、ゾーンで守るという概念が生まれました。

　4－2－4のシステム論をさらに発展させたのが、4－3－3です。オランダのミケルスがトータルフットボールを実現するのに用いたのもこのフォーメーションでした。4－3－3の採用から、DF、MF、FWの3ラインが生まれ、その後、人数の配分には極端な変化はなく、配置する選手の特徴によって違いが生まれるようになりました。オランダのCFにはクライフ、西ドイツはCBの1人にベッケンバウアーといった具合に、そこに誰が入るかということだけで、チームの戦い方は大きく変わります。フォーメーションが同じでもシステムが違うということが見られるようになったのです。

05 4-4-2

フォワード / **フォワード**

サイドハーフ / **センターハーフ** / **センターハーフ** / **サイドハーフ**

サイドバック / **センターバック** / **センターバック** / **サイドバック**

キーパー

　現在でも多く見られる4－4－2にはたくさんの並び方があります。年々、重要度を増してくる中盤に人を割く流れは決定的になりますが、問題は中盤をどう構成するかに集約されていきます。最もオーソドックスな4－4－2は、中盤の4人が前後にずれずフラットに並ぶフォーメーションです。イングランド伝統のシステムで、「Four-Four-Two」と言えば、このフォーメーションのことを言います。4人の中央に位置するセンターハーフの2人はピッチを上下、広範囲に動いて攻守をこなし、サイドハーフはFW陣にクロスを上げる役割を担います。90〜00年代のマンチェスター・ユナイテッドでポール・スコールズ、ニッキー・バットが中央を駆け回り、ギグスが左サイドを切り裂き、ベッカムが右からクロスを上げるスタイルはまさにこの形です。

　イングランドにフランク・ランパードやスティーブン・ジェラードのような攻守両面で優れたMFが生まれやすいのは、伝統のフラットな4－4－2、センターハーフの役割が根づいているからでしょう。

知って得するサッカーコラム 組織編

06
4－4－2 ダイヤモンド型

フォワード　フォワード
攻撃的ミッドフィルダー
サイドハーフ　サイドハーフ
守備的ミッドフィルダー
サイドバック　センターバック　センターバック　サイドバック
キーパー

　次に紹介する４－４－２は、中盤の構成がダイヤモンド型、菱形の４－４－２です。1人の守備的MFとフラット型よりも中に絞ったサイドハーフ、さらに司令塔の役割を果たす攻撃的MFで中盤を組み立てます。サイドハーフが中に配置されている分、中盤の選手同士の距離が近く、パスがつながりやすいメリットがあります。「トライアングル」が多くできるフォーメーションでもあります。82年、86年のワールドカップで活躍したフランス代表、ミシェル・プラティニ、ジャン・ティガナ、アラン・ジレスの「三銃士」を中心とするチームはプラティニを司令塔に置くダイヤモンド型を採用し、流れるようなパスワークで「シャンパンサッカー」の異名をとりました。しかし、このフランス代表も結果は２大会連続準決勝敗退。攻撃的である反面、サイドハーフが攻撃に出てしまうと中盤に大きなスペースができてしまい、1人しかいない守備的MFに大きな負担がかかるのです。そのためダイヤモンド型は徐々にボックス型にシェアを明け渡していくことになります。

07 4-4-2 ボックス型

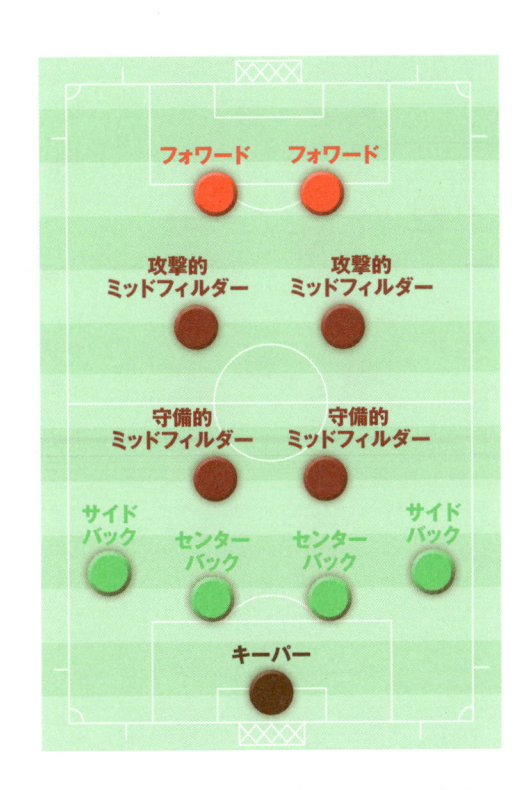

フォワード　フォワード
攻撃的ミッドフィルダー　攻撃的ミッドフィルダー
守備的ミッドフィルダー　守備的ミッドフィルダー
サイドバック　センターバック　センターバック　サイドバック
キーパー

　82年ワールドカップのブラジル代表、セレーゾ、ファルカン、ソクラテス、ジーコが並んだ「黄金のカルテット」に象徴されるドイス・ボランチを採用したフォーメーションがボックス型の4-4-2です。才能溢れる選手を多く抱えるブラジルは選手の特徴を活かしながら「良い選手を全員使う」ことに常に苦心しています。黄金のカルテットは個性溢れる4人がバランス感覚、ポジショニング能力の高さで調和している奇跡的なカルテットでしょう。

　「クラッキ」が次々に誕生するブラジル代表でも、攻撃センスの突出した選手2人と守備的な能力の高い2人、もしくは1人が汗かき役に徹するというバランスの方が大舞台で結果を出しています。サイドの攻守をＳＢに委ねるため、ＳＢに求められるものは多く、欧州のトップクラブにブラジル人ＳＢが多くいるのも頷けます。

　選手のプレースタイル、プレーエリアによってはボックスの形が傾くこともありますが、中盤の4人が箱形に並ぶ布陣はバランスの取れたフォーメーションと言えるでしょう。

知って得するサッカーコラム **組織編**

08
3-5-2

　現代でも採用される４－４－２と違い、姿を消しつつあるのが２人のＣＢがＦＷをマークし、スイーパーが後方に構える３バックのフォーメーションです。現在は１トップ、または３トップのチームが多いので、その対応策として必然ともいえますが、1980年代後半に主流だった２トップに対応するために生まれた３バックはごく特殊なケースを除いて見られなくなりました。

09
3-5-2 アルゼンチン型

　中央のＭＦを３人にして、司令塔ポジションを廃したのが、３－５－３のディフェンシブバージョン。実質３ボランチのような中盤は守備に強い反面、中央に人が足りず攻撃に手が回りません。これを解決したのがマラドーナです。86年ワールドカップで優勝したアルゼンチンは２トップの一角にマラドーナを入れ、攻撃力と守備力を両立しました。

10 ジュビロ磐田 N-BOX (3-5-2)

フォワード (中山雅史)
フォワード (高原直泰)
攻撃的ミッドフィルダー (藤田俊哉)
攻撃的ミッドフィルダー (奥大介)
センターハーフ (名波浩)
守備的ミッドフィルダー (服部年宏)
守備的ミッドフィルダー (福西崇史)
スイーパー (田中誠)
センターバック (大岩剛)
センターバック (鈴木秀人)
キーパー (アルノ・ヴァン・ズワム)

　ルールの変遷や、相手との相関関係、そして選手の適性。ここまで見てきて、システムとフォーメーションがこれらの要素によって変化し、進化を遂げてきたことがわかってもらえると思います。ここで紹介するフォーメーションは選手の適正に特化して採用された3－5－2の一例です。2000年代初め黄金期を築いたジュビロ磐田が「選手ありき」でチームが最も機能するように編み出した形。その名も「N-BOX」です。「N-BOX」のNは名波浩のN。広い視野とパスセンスに恵まれた天才レフティーを起点に攻撃を展開する布陣は名波だけなく、人に強い大岩剛、鈴木秀人のストッパーに、カバーリング能力に優れた田中誠、服部年宏の運動量と、福西崇史の読み、攻撃センスのある奥大介や藤田俊哉、オフザボールの動きに長けた中山雅史、高原直泰の決定力など、個々の特徴を活かせる適材適所の配置でした。2001年、出場予定だった世界クラブ選手権が直前で中止に。戦術的にも人材的にも成熟期に合ったジュビロの挑戦を見たかったという声がいまだに聞かれます。

> 知って得するサッカーコラム **組織編**

11
4-5-1
(4-2-3-1)

フォワード
攻撃的ミッドフィルダー
攻撃的ミッドフィルダー
攻撃的ミッドフィルダー
守備的ミッドフィルダー
守備的ミッドフィルダー
センターバック
センターバック
サイドバック
サイドバック
キーパー

　年代別にフォーメーションを追ってきましたが、近年は特に中盤で決定的な仕事をするスペースがなくなり、司令塔が別のエリアやポジションに追いやられる時代を迎えています。4－5－1や発展型の4－2－3－1は4－3－3の攻撃的なサイドのウイングを中盤に下げ、司令塔の補佐をさせるフォーメーションです。2列目に並んだ3人の攻撃的MF、はポジションチェンジも頻繁に行うため、サイドにも縦に速い選手だけでなく、パスセンスを持った選手も起用できます。中盤の底にフィルターを設けた4－1－4－1やバルサスタイルに連なるゼロトップも基本コンセプトはこの4－5－1と共通です。98年、自国開催のワールドカップで優勝したフランス代表がまさにこの形を採用し、エースストライカー不在を逆手に取って、さまざまな選手の組み合わせでゲームを支配しました。こうしたチームの登場で選手によってポジションが固定される時代は終わりを告げ、ポジションが柔軟に変化し、チーム全体のシステムを構築する時代へと歩を進めるのです。

12 4-5-1（4-3-2-1）

```
           センター
           フォワード
              ●

    攻撃的            攻撃的
  ミッドフィルダー    ミッドフィルダー
       ●               ●

  守備的                  守備的
ミッドフィルダー        ミッドフィルダー
    ●          ●           ●
            守備的
         ミッドフィルダー
  サイド              サイド
  バック  センター センター バック
    ●    バック   バック   ●
          ●        ●
           キーパー
              ●
```

　一時欧州サッカーを席巻したのがアンチェロッティ・ミランの「クリスマスツリー」型の4-3-2-1です。3人のボランチで守備を安定させ、1トップと2人の攻撃的MFが連係しながらゴールを目指します。サイドはSBの主戦場になります。1トップ、場合によっては3トップという布陣が増え、SBの攻撃の比重が増えたことになれば、CBと守備的MFの負担は増すばかりです。近年ではCBにビルドアップ能力、ボランチやピボーテにパスセンスも求められるなど攻撃の組み立てエリアがどんどん後方に移行しています。

　その流れからCFがポジショニングを変化させ続けるゼロトップが生まれたのですが、現代サッカーではフォーメーションの並びや数字だけでなく、選手の特徴を把握してシステムを考える必要が出てきました。「フォーメーションを気にするのは日本だけ」などという声も聞かれますが、むしろトップレベルではデータ全盛の時代を迎え、選手のプレーを測位して、実情に沿ったフォーメーション、システム分析がなされているのです。

Epilogue
エピローグ

「ものごとが先で、言葉は後に作られる」

地動説を唱えたガリレオ・ガリレイの残した言葉は、ものごとの本質を的確に表した名言です。サッカーでも現象は先に起きていて、それをどう表現するかが言葉の受け持つ領域になります。

「だから言葉はどうでもいい」

プレーに熱中する人や現場でサッカーに触れている人は「評論家」を嫌うあまり、言葉にこだわらない傾向にありますが、サッカーをより深く知るためには、起きた現象を正確に把握し、言葉を正しく理解することが欠かせません。間違った認識はコミュニケーションにひびを入れ、会話の齟齬を生みます。

また、日本のサッカーが世界に学びながら発展を遂げてきたこともあり、外来語が多く流通していることも事態を複雑にしています。

ガリレオ・ガリレイが言うように、発明や革新を作り出す人にとって言葉は常に後追いです。でも、どんなに偉大な発明や時代を変える概念も、先人の辿った道を、言葉をガイドに学んだはずです。後追いだからこそ、正しさや深さが求められるのが「言葉」なのです。

言葉や用語を正しく、そして深く知ることができれば、サッカーを観る目も、プレーも変わるはず。サッカーと言葉を介して触れる職業である「物書き」として、日本のサッカーのためにできることを考え、この本を作りました。この本を通じて言葉を知識として、知識を深めることで実際のプレーや観戦に生かしていただければ幸いです。

Profile

大塚一樹
おおつか　かずき

1977年新潟県長岡市生まれ。大学在学中から作家・スポーツライターの小林信也氏に師事。アジアカップの公式サイト運営やスポーツサイトの立ち上げ、企業メディアの構築に従事。独立後はスポーツに限らず医療、ITなど様々な分野で執筆、編集、企画に携わっている。スポーツの育成に関する取材歴も長く、少年サッカー保護者向け情報サイト『サカイク』（www.sakaiku.jp）などに寄稿。編著に『欧州サッカー６大リーグパーフェクト監督名鑑』、構成に『なぜ全日本女子バレーは世界と互角に戦えるのか』『日本人のテニスは２５歳過ぎから一番強くなる』（共に東邦出版）『人はデータでは動かない―心を動かすプレゼン力―』（新潮社）などがある。

マイナビのスポーツ実用書のご紹介

DVDでわかる!!
ココロとカラダ
にやさしい
太極拳

著／大畑裕史
定価／本体1,600円＋税
ISBN978-4-8399-4550-3

24式太極拳の動きをまとめた実演・指導DVD付きとなる初心者向けの書籍です。太極拳は、低負荷で、無理なく筋肉に刺激を与えられる優れた有酸素運動です。さらに、太極拳は副交感神経に働きかけ、ストレスで弱ったメンタルや心のバランスを整えてくれます。本書は「太極拳」の動作指導だけでなく、美容効果、運動効果、さらにメンタルへの働きかけなど、"女性にうれしい太極拳のメリット"を含めて、詳細な写真とDVDの映像でわかりやすく紹介します。

走るのが
速くなる
俊足教室

監修／朝原宣治
定価／本体1,480円＋税
ISBN978-4-8399-4951-8

オリンピック、世界陸上などで活躍した、陸上短距離・銅メダリスト（北京オリンピック4×100mリレー）の朝原宣治氏によるスプリント力（短距離走力）向上のための実用書です。本書では足の運びや腕の振り、また「体幹」部分の使い方など、正しい走り方の基本を紹介します。速く走るために必要な要素、動作を分かりやすく、より簡単な実践方法にしてあります。小〜中学校時期に取り組みたいコオーディネーション・トレーニングのメニューも詳しく紹介します。

DVDでわかりやすい
ケガと痛みに
効くストレッチ

著／伊藤和磨
定価／本体1,800円＋税
ISBN978-4-8399-4626-5

テレビや雑誌などでも活躍する人気トレーナー、伊藤和磨氏によるストレッチ＆身体調整法のDVD付実践書です。本書では、ケガや痛み、もしくは蓄積した疲労などによって低下した筋肉の柔軟性と関節のモビリティ（自由度や可動性）を改善するためのストレッチを紹介します。スポーツのパフォーマンスを向上させたい人、身体が硬くて従来のストレッチが苦手な人にもお勧めの一冊です。本当に正しい「ストレッチ」の方法を知れば、スポーツや日常生活で本来のパフォーマンスが発揮できます。

走らない
ランニング・
トレーニング

著／青山剛
定価／本体1,500円＋税
ISBN978-4-8399-4019-5

初心者をフルマラソン完走に導く指導に定評のある著者が、アスリートとして、また指導者としての経験をもとに確立した、一般ランナーのための「長距離ランニング・トレーニング」のノウハウを完全公開します。無理して、走らなくてもランニング能力をアップする「体幹スイッチエクササイズ」、初心者でも8カ月でフルマラソン完走を目指せるプログラム等をはじめ、仕事が忙しい人でも3日坊主で終わらないトレーニングの具体的な方法を紹介します。

走る前に読む!
ランニングの
取扱説明書
(トリセツ)

著／青山剛
定価／本体1,500円＋税
ISBN978-4-8399-4189-5

元日本オリンピック委員会強化コーチで、プロフェッショナルランニングコーチの青山剛氏による、ランニングを始めたい人＆ランニング初心者のための実用書です。「どんな道具が必要か？」「どうやって始めれば良いのか？」「どのようにトレーニングするのか」「タイムを縮めるにはどうするのか？」…といった悩みやニーズに応えるコンテンツが満載。日頃のトレーニングや実際のレースなどについて、より具体的なノウハウを盛り込んだ、ランナーのためのバイブルです。

業界No.1
自転車バカが教える
自転車あるある
トラブル解決
BOOK

監修／菊地武洋
定価／本体1,500円＋税
ISBN978-4-8399-4627-2

自転車ツーリングを楽しむ上で、起こりがちな様々なミスやトラブルのシチュエーションを「あるある」ネタとして紹介しながら、そのトラブルの対処法を提示する実用書です。1人ではすべてを理解し得ないメンテナンスやセッティング、そしてライディングの実践的内容を図説やイラストで、ビジュアライズして紹介します。経験の浅いライダーにとってはトラブルを未然に防ぐため、また、ある程度経験を積んだライダーにとっては「あるあるネタ」の読み物として楽しんでもらえる一冊です。

マイナビのフットサル＆サッカーアプリのご紹介

『動画で学ぶサッカーテクニック』（無料）

フットサル＆サッカーの、1対1に勝てるドリブルテクニックや、リフティングなどの個人技、そして初心者向けの基本技術などが、動画と連続写真、詳細な解説によってわかりやすく学べるビジュアルコンテンツアプリケーションです。指導するコーチ陣は超一流！ コンテンツはアプリ内で購入・閲覧することができます。

対応デバイス iOS5.0以降のiPad、iPhone、iPod Touch
※Appの購入・ダウンロードはiTunesのApp Storeをご利用ください。

連続写真のスライドショー＆動画が同じ画面上でマルチに展開！

iPhoneでのApp Store購入画面

写真と動画を見比べながらテクニックを理解できる機能がとても便利。写真＆動画はスワイプ操作で拡大も可能なので、詳細の確認も簡単！

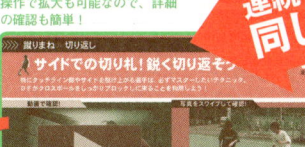

読み込み時間のないスムーズな動画再生で、今すぐスゴ技テクニックを確認出来る！

テクニックの手順とポイントを詳細に説明した連続写真によるスライドショー！

エスポルチ藤沢・広山晴士の『ドリブルで1対1に勝つ!!』
動画45分 静止画370枚 収録!!

コンテンツ第一弾は、フットサル＆サッカーで使える超絶テクニック30『エスポルチ藤沢・広山 晴士のドリブルで1対1に勝つ!!』。日本随一のテクニック伝道師、広山晴士が1対1の局面で使える「ドリブル」の技を披露。30種のテクニックを「足首TYPE」「足裏TYPE」「ステップTYPE」「浮き球TYPE」に分類。シンプルで基本的な技からDFの頭を越える浮き球系テク、軸足の裏を通す「後ろ通し」など、相手がビックリするようなテクニックを紹介する。"実戦で使える"ことにこだわる著者厳選のラインナップ。これで、ドリブルの突破力、キープ力が何倍にもアップすること間違いなし！

エスポルチ藤沢・広山晴士の『リフティングで1対1に勝つ!!』
動画75分 静止画550枚 収録!!

コンテンツ第二弾は、フットサル＆サッカーで使える超絶テクニック50『エスポルチ藤沢・広山晴士のリフティングで1対1に勝つ!!』。実戦の局面打開に役立つ「リフティング」テクニックを紹介。50種のテクニックを、基本技術となる「リフティング」、地面に接地した足でボールを弾ませる「ステイ」、身体の各部でボールを静止する「キャッチ」のほか、浮かせ技の「リフトアップ」、地面でボールを突く「ジャグリング」などに分類。"実戦で使える"ことにこだわる著者厳選のラインナップ。これで狭い場所でも自由自在のトラップ力と、キープ力を手にすることができる！

世界の戦術・理論がわかる！
最新サッカー用語大辞典

2014年11月1日　初版第1刷発行

著　　　者	大塚一樹
発　行　者	中川信行
発　行　所	株式会社マイナビ 〒100-0003　東京都千代田区一ツ橋1-1-1パレスサイドビル 電話　048-485-2383【注文専用ダイヤル】 　　　03-6267-4477【販売部】 　　　03-6267-4403【編集部】 URL　http://book.mynavi.jp
編集・構成	竹田東山／倉本皓介(青龍堂)
カバー・本文イラスト	アカハナドラゴン
カバー本文デザイン	雨奥崇訓／小林正俊
印　刷・製　本	中央精版印刷株式会社

※定価はカバーに記載してあります。
※乱丁・落丁本についてのお問い合わせは、TEL：048-485-2383【注文専用ダイヤル】、または電子メール：sas@mynavi.jpまでお願いします。
※本書について質問等がございましたら(株)マイナビ出版事業本部編集第2部まで返信切手・返信用封筒を同封のうえ、封書にてお送りください。お電話での質問は受け付けておりません。
※本書は著作権法上の保護を受けています。本書の一部あるいは全部について、発行者の許諾を得ずに無断で複写、複製(コピー)することは著作権法上の例外を除いて禁じられています。

©2014 KAZUKI OTSUKA　©2014 SEIRYUDO　©2014 Mynavi Corporation
Printed in Japan
ISBN978-4-8399-4-5374-4 C0075